U0087771

飛起來的小王子
安東尼‧聖修伯里

白丁　著

三民書局

打開每個人心中的「想像盒」

七十多年前，法國著名作家「安東尼‧聖修伯里」寫過一本廣受歡迎並流傳至今的童話──《小王子》。書中那個好奇又好問的小男孩來自外星球，他純淨的心靈和真摯的感情，一直陪伴著我們地球上一代又一代人的成長。

作家聖修伯里曾經為小王子畫過一個可以讓綿羊居住的盒子。而作家自己也擁有一個珍寶盒，裡面收藏著老照片、舊信件和許多小玩意兒，他常常去翻弄這個盒子，想從中尋找創作的泉源。

三民書局的出版團隊也有這麼一個盛滿「想像」的大盒子，裡面匯集了編輯們經年累月的經驗、心得，以及來自作者、插畫家等的好主意和新點子。多年來，這個團隊不斷為小讀者們出版優秀的人物傳記、勵志叢書等。董事長劉振強先生認為這是出版人的使命，一個好傳統一定要延續下去，讓小讀者永遠有好書可讀，而且每一套書都要精益求精，各具特色。

因此，當我們開始構思下一套新書的方向，如何能夠既延續傳統，又能注入不同的角度和活力，呈現出一番新的面貌，便成為我們的首要考量。

編輯團隊圍坐在一起，慎重的打開我們的「想像盒」，希望從盒裡累積的智慧中汲取靈感。盒內的珍寶攤滿了桌面，眼前立即出現許多引導性的話語，大家一面仔細挑選，一面漸漸理出一個脈絡。

「書寫近代人物，更貼近小讀者的心靈。」

「介紹西方人物，增強小讀者對全球人物的興趣。」

「撰寫某個行業或某個領域中最有代表性的人物，他們的成就

對後世有重大影響，對小讀者有正面啟發作用。」

　　「多用說故事的方式寫作，以增加趣味性。」

　　「想像盒」就這樣奇妙的為我們搭起了一個框架，編輯團隊在這個架構中找到了方向，大家興奮的為新叢書定名為「近代領航人物」系列，並決定先從介紹西方人物入手。

　　框架既已穩固，該添進內容了。如何選取符合條件的撰寫對象，是編輯團隊的再次挑戰。我們又打開了「想像盒」……

　　「叮」的一聲，盒內跳出一個 "THINK" 的牌子，大家眼前一亮，「那不是 IBM 公司創始人湯姆士‧華生的座右銘嗎？意思是要我們海闊天空的去想像，才能產生創意啊！」於是，話匣子打開了。

　　有人說：「我們每個人手裡都拿著手機，不需要長長的電話線連接，就能無遠弗屆的與人聯繫，但對有『無線電之父──馬可尼』之稱的這個聰明人，我們知道的並不多。」

　　有人說：「啊！有了，我們何不請最喜歡開飛機的聖修伯里帶大家到義大利去拜訪馬可尼呢？」

　　有人說：「馬可尼不是已經拍來電報，為我們安排好去巴黎看可可‧香奈兒的時裝展示會了嗎？還要去倫敦聽約翰‧藍儂的搖滾音樂演唱會哩！」

　　有人說：「我對時裝展示會沒有太大興趣，但是既然去了巴黎，我倒是很想去看看大文豪雨果筆下的聖母院，也許會碰見那個神祕的鐘樓怪人！」

　　有人說：「我希望去倫敦時，能走訪唐寧街十號，一睹英國第一位女首相，鐵娘子柴契爾夫人的丰采。」她輕輕咳嗽了一聲，接著說：「我的肺炎剛痊癒，是用了抗生素才治好的。聽說抗生素是英國

細菌學家弗萊明發現的，我也想順便彎去他在倫敦的實驗室參觀一下。」

有人附議：「那太好了，我可以在路邊書報攤買本英國大經濟學家凱因斯主編的《經濟期刊》來一讀。」

有人舉起手來，激動的說：「我原是個害羞沉默的人，自從去上了卡內基的人際關係課程後，才學到怎麼樣表達自己。我想說出我的心願，那就是去美國華盛頓的林肯紀念碑前，聆聽人權鬥士馬丁‧路德‧金恩博士精彩動人的演講〈我有一個夢想〉。再去附近的國會山莊，參加約翰‧甘迺迪的就職典禮，聽他充滿領袖魅力的經典名言，『不要問國家能為你做些什麼，要問你能為國家做些什麼。』」

有人跟著說：「我是環保和人道主義的支持者。既然我們到了美國，我想去緬因州，到環保使者瑞秋‧卡森收集海洋生物標本的海邊去走一走。也想去紐約的聯合國兒童基金會總部拜訪兒童親善大使奧黛麗‧赫本。這兩位心靈和外表都美麗的女士，一直是我最崇敬的偶像。」

看到大家點頭同意，他急忙追加：「啊，如果還能去洋基球場觀看棒球巨星貝比‧魯斯在球場啟用那天轟出的第一支全壘打，那我就太滿足了……」

編輯們彼此會心一笑，這是討論時常有的現象，抱著「想像盒」，天南地北，穿越時空。我們總嘗試以開放的思路，為「傳記」類型的叢書增添更多的新意。

這時一陣歡笑聲響起，原來是美國物理學家費曼為慶祝自己得到諾貝爾獎而開的派對。賓客中有許多知名之士，第一位登陸月球的太空人阿姆斯壯也在其中。聽說費曼正在調查挑戰者號太空梭故

障的原因，阿姆斯壯是他最好的太空顧問！費曼是位科學家，但他興趣廣泛，音樂、舞蹈樣樣精通。只見他隨著熱情洋溢的森巴舞曲，一面打著鼓，一面與現代舞創始人瑪莎•葛蘭姆翩然起舞。

「別鬧了！費曼先生。」門口走進一位胖嘟嘟，面無表情的老頭，把大家嚇了一大跳！只見他拿起手上的擴音器說了一聲「卡」，啊啊，難道他就是那位驚悚片大導演希區考克？

他嚴肅的接著說：「受世人景仰的南非自由鬥士曼德拉先生剛剛辭世。請大家起立致敬。」

我們這趟「穿越之旅」中的二十位人物即將登場，希望他們的領航故事也能開啟小讀者心中的「想像盒」，將來或可成為另一個新領域中的領航人，傳承發揚人類的智慧和文明。

在此特別感謝為小讀者說故事的作者們，除了正文之外，他們都特別增寫了一篇數百字的「後記」，提綱挈領的道出各撰寫人物對世界的影響，提供小讀者更明確的閱讀指標。同樣也感謝繪製精彩畫面的插畫家們，為使圖文搭配相得益彰，不惜數易其稿。對編輯團隊能讓叢書順利的如期出版，我心存感激。對充滿使命感、長期為小讀者做出貢獻的三民書局，我致上最高的敬意。

對您，選擇讀這套叢書，我誠懇的說聲「謝謝」。有您的支持，讓我們有信心為小讀者打造更多優良讀物。

簡宛　2013 年歲末寫於臺北

2011 年，我去歐洲旅遊一個月，在法國逗留了一個星期。我在蘭斯大教堂看到了騎馬持劍的貞德塑像，又在里昂街心廣場看到了站在紀念碑頂的安東尼・聖修伯里的塑像。

我和貞德有緣，見到她塑像之前的 2006 年，為三民書局寫了《浴火聖女：貞德》。我和安東尼・聖修伯里也有緣，見到他塑像之後的今天，也有幸為三民書局寫了《安東尼・聖修伯里》。

貞德和安東尼・聖修伯里都有傳奇的一生，貞德為了宗教而生，安東尼・聖修伯里為了飛行而生，兩個人都活在戰亂年代，都為了拯救法國而壯烈犧牲。貞德是一個普通農民的女兒，安東尼・聖修伯里四歲喪父後隨母親寄居在親戚家裡。貞德根本不識字，安東尼・聖修伯里少年讀書也是平平。為什麼這兩個普通人家的孩子長大後都成了法國的民族英雄、世人的楷模？只因為他們有信仰，有了信仰就有了夢想和期望，就能勇往直前，無所畏懼。安東尼・聖修伯里說過：「應該把人們推向一種堅強有力的生活。這種生活會帶來痛苦和歡樂，但只有這種生活才是有價值的生活。」

貞德的史料少得可憐，連一張照片也沒有。我寫她的故事，主要憑自己的想像力，甚至在書中虛構了四個人物。相比之下，安東尼・聖修伯里的史料很多很豐富，照片也不少。我寫他的故事，花很多時間在華盛頓、上海兩地奔波，搜羅及閱讀大量資料。相同的一點，是我在寫作過程裡被他們的經歷和精神所感動，尤其是被安東尼・聖修伯里對純真心靈的需求所感動，沉浸其中而忘了時間的流逝，忘了上海禽流感的猖獗。

親愛的小讀者們，相信你們也會沿著安東尼・聖修伯里的軌跡，去傾聽生活的真諦，去尋找信仰的魅力，去發現人生是一種奇妙的

經歷。千萬不要將旺盛的精力埋沒在書堆裡，千萬不要被作業和考試束縛。你們要學會沉思和反省，要活出自己，追求你們的理想，駕馭屬於你們自己的生活。

親愛的小讀者們，請記住小王子的話：

> 只有用心靈才能看得清事物的本質，真正重要的東西是肉眼無法看見的。

最後，感謝美國國會圖書館宋玉武、張建京兩位先生為我傳發電子版《小王子的愛與死》；感謝老同學宗守權先生將限時閱讀的電子版《小王子的愛與死》一頁頁複製給我；感謝南京電視臺張建甯先生專程將《小王子寫給媽媽的信》、《聖埃克絮佩里：天使與作家》兩本書從北京趕往上海送到我的手裡；感謝李萬菲女士為我找到《玫瑰的回憶》、《愛的傳奇：「小王子」和他的玫瑰》兩本書；感謝谷海霞女士將她收藏的《風沙星辰》、《夜航西飛》兩本書送給我。再次感謝上述朋友熱情提供本書的背景知識。

寫 書 的 人

白 丁

他從上海來，在美國住，好像不老，還是一個孩子。他的生日是 4 月的地球日，不像是從外星球來的。他自從有了一對兒女，就開始寫童話。他會為孩子所喜愛的一幅畫、一首曲子、甚至犯的一個小過失寫童話。他寫的童話有顏色，有聲音，還會蹦跳。童話是他的最愛，發表一百五十多篇，也出過童話集。哪一天童話離開了他，就意味著他的魂兒丟失了。他的本名是丁中德。

飛起來的小王子
安東尼‧聖修伯里

CONTENT

安東尼 · 聖修伯里

1900 ～ 1944

01

失　蹤

　　時間老人走到 1944 年 7 月 31 日那一天的時候，有過一聲嘆息，一聲帶點顫音的嘆息。

　　那一天是個晴朗的日子，大清早，法國南部科西嘉島上走來一個中年人，他有一雙蘊涵著天空全部奧祕的眼睛，一個不肯屈服的翹鼻子。更重要的，他——安東尼，還有會飛的翅膀，那是他心愛的飛機。

　　他從小就愛上飛機。十二歲那年，一個颳著大風、下著大雨的日子，成千上萬的人，伸長脖子觀看飛行員在空中的特技表演。安東尼被雨淋得溼透，擠在人群裡，仰起頭跟著唱〈我們的天空〉這首歌。他一手向著天空揮舞著旗幟，一手拉著飛行員薩爾維茲的手，大聲說：「叔叔，我叫

安東尼，你能教我開飛機嗎？我長大後要當飛行員！」薩爾維茲記住了這個孩子，那一年的夏天，特地帶他上藍天兜風，確切的說，是用飛機載著他在低空盤旋了兩圈。

安東尼強壯高大，又有一雙大腳，走起路來虎虎生風。此刻，他正往自己最愛的飛機走去，那是一架美製雙引擎洛克希德 P-38 型閃電機。

安東尼的飛行服有點緊，他苦笑一下，聳聳肩，扭扭腰，擠入狹窄的駕駛座。他的身上有許多舊傷，有時候會隱隱作痛。他綁緊安全帶，拉下頭盔的帽蓋，轉動脖子察看各個儀表上的各項數據，留意每一個指針都在規定的位置上。

一切準備就緒，他向地勤人員加瓦勒上尉揮了揮手。8:45，飛機起飛。

飛機離開了波爾可空軍基地，從科西嘉島北邊的巴斯蒂亞啟程，沿著羅納河河谷，一路飛向里昂。

安東尼儘管對路線很熟悉，還是忍不住探頭

往窗外張望，是因為對地面景物的留戀及往昔歲月的思念。

飛了一會兒，安東尼感覺機翼下方，應是距離里昂東北五十公里的聖莫里斯。他真想讓飛機降到雲層下，緩緩的兜幾圈，因為讓他度過快樂童年的、有著灰色圍牆的城堡，就在眼底下。他真想知道，小時候爬上菩提樹頂一起聊天的可愛斑鳩，是否還在咕嚕咕嚕的叫？從那神祕的閣樓瓷磚的裂縫裡，是否還能看到夜空中閃爍的星星呢？

多麼懷念夜晚來臨時，大人把燈放在美麗如花的燈座上，每盞燈在牆上映出棕櫚葉般的影子，樓上房間裡小暖爐呼呼的響著。是呀，曾經是這座城堡裡的孩子，城堡的味道，城堡的聲音，一直留在記憶裡。

又過了一小段時光，安東尼相信已經飛到了格拉斯的上空，親愛的媽媽就住在附近的卡布里，他剛在幾天前寄了一封短信給她。卡布里正

被德軍占領，媽媽能收
到他的信嗎？他在信
上寫的最後一句話
是：「親吻我，如同我
從內心深處親吻妳
一般。」

啊，親愛的媽媽，您永
遠是兒子最願意傾吐的對象，您
以溫柔填滿兒子的生命，那是任何人都無法做到
的，您是兒子記憶裡最亮麗鮮明的那一塊。

飛到了聖特羅佩的上空，安東尼想起了和親
愛的爸爸最後告別的拉摩城堡。他那年才四歲，
四十歲的爸爸卻閉上了眼睛，靜靜的躺著，周圍
的大人都默默站著，天主教的《十字報》登載了
這個消息。

安東尼從兩片雲層之間的縫隙穿過，飛到了
聖拉斐爾的上空。他想起了阿蓋城堡，古老的阿
蓋城堡也遭到德軍的轟炸。十多年前和妻子的婚

禮，就是在阿蓋城堡的教堂舉行的。啊，那是多麼難忘的一段日子！

再往前飛，飛到了尼斯的上空，他想到下方有妻子居住的別墅，不由得默念著妻子在信上對他說的話：「就像植物在地裡，你在我心上生長。你是我的寶貝，我的世界。」再默念著自己給妻子的回信：「我們兩個就像森林中糾結在一起的兩棵大樹，再也沒法分離，又被同樣的大風搖撼，一起迎接太陽和月亮，一生一世。」

安東尼望向窗外，大團白雲就像翱翔的大鳥。他不由得想起進入航空公司後遇到的第一個上司拉比，拉比就是天空中最勇敢的大鳥。那次馬恩河戰役，拉比右手的三個指頭被敵機的機槍射穿，鮮血淋漓，為了減低失血的速度，拉比硬是將右手高舉著伸出機艙，只用左手操縱著方向盤返回基地。那四天激烈的空戰後，原本是六十四名法國飛行員一起出任務，活著飛回來的卻只有拉比一個。

螺旋槳攪擾了天空的沉寂，安東尼透過擋風玻璃遙望天際，想起在美國結識的退役軍官約翰，他作為美國陸軍第十航空隊駐華空軍特遣隊的一員，此刻正駕著鯊魚頭型的戰機，在遙遠的東方喜馬拉雅山脈上空的駝峰航線*飛行。

約翰的任務是護送美軍運輸機，將抗日物資源源不斷的空運到中國。晴天裡，約翰透過防風玻璃看到山谷裡戰友墜機後殘留的破碎鋁片，他憑藉著那些鋁片的反光冒險飛行，嘴裡還銜著氧氣罐的細長管子，因為高空的空氣太稀薄了。氣候的惡劣，地形的艱險，

---

*駝峰航線：第二次世界大戰時中國和美國轉運戰略物資的空中通道，位於喜馬拉雅山脈和緬甸叢林上空，全長約八百公里，是航空史上最為艱險的一條航線。

敵軍的猖獗，駝峰航線因此被稱為死亡航線。為了不讓日軍和德軍在緬甸會師，英勇的盟軍飛行員所向無敵。

「親愛的戰友，為了消滅法西斯，你在東方，我在西方，等到勝利重逢的那一刻，我們一起痛飲慶功酒！」

在雲層上，安東尼想到他的親友，更想到他的祖國和人民。

自從不爭氣的貝當元帥跟不可一世的希特勒簽訂了投降協定，戰爭已經邁入第五個年頭了。幸好有戴高樂將軍領導的抵抗運動，讓法國成立了臨時政府，並且在諾曼第登陸的同盟軍也向德軍展開強大的攻勢。眼看著就快要跨越地中海，收復普羅旺斯，所以政府派安東尼執行這次長途飛行的任務，去偵察普羅旺斯的敵情，為盟軍提供情報。

此刻，他正飛到普羅旺斯的上空，雖然看不到地面的景象，但他知道，這個季節，普羅旺斯

的薰衣草正開得爛漫，一片紫色的海洋，香氣彌漫得令人陶醉。

「啊，美麗動人的普羅旺斯，魂牽夢縈的普羅旺斯，我一定要讓你早日回到祖國的懷抱！」

安東尼這次重返戰場是費了一番努力爭取來的。因為他已超齡八歲，而且歷次的戰役讓他負傷多次，早已失去繼續飛行的資格，幸好獲得一位美國將軍的幫助，讓他回到原來的第三十三飛行大隊第二中隊，但是上司只同意讓他執行五次的長途飛行偵察任務。他當然不滿足，經過多次的爭取，7月，他所屬的大隊轉移到了科西嘉島，今天是他的第八次偵察飛行。

安東尼越來越熱愛飛行，在法國、非洲和南美洲之間穿梭飛行，絲毫不覺得疲倦。飛行是他的最愛，是他的第一生命。聽著引擎低沉的隆隆聲，跟著心愛的飛機上升到七千至一萬公尺的高空，太陽變得更明亮，星星不再閃爍。穿越高山、海洋、沙漠和風暴，他渴望越飛越高，渴望看到

地平線變成弧線，渴望看到地球縮小成一顆藍色的行星。他在黑暗和黎明交替的時刻，苦苦尋求屬於他的那個遙遠的星球。

對安東尼來說，飛機是他的翅膀，是他身體的一個部分，飛行不僅僅是駕駛飛機，更是思考、探索和反省之旅。也可以說，飛機成了他激發思想的一種工具，他的思想就是他隱形的翅膀，他的思想比飛機飛得更高更遠，更能飛越時空。

帶著對往事的緬懷，對前景的暢想，安東尼繼續飛行，飛行⋯⋯

⚫ ✦ ⚫ ✦ ⚪ ✦ ⚫

地面無線電塔臺的加瓦勒上尉，一直感到不安，因為聽安東尼說，他昨晚喝了不少酒，一夜

沒有睡好。中午時分，加瓦勒遲遲沒有收到他所擔心的那架閃電式偵察機返航的消息，螢幕上只見白呼呼的一片，心情不免緊張。

加瓦勒閉上眼睛安慰自己：不會的，安東尼不會出事的！不是都說命運之神特別眷顧他嗎？有一次他獨自帶一頭野生的小獅子上飛機，手臂和手掌被小獅子咬得鮮血淋漓，不也是安全降落了嗎？另一次飛機翻了過來，掉進海裡，他不也從水底鑽了出來？

對呀，安東尼上次在瓜地馬拉墜機，下巴和右手骨折，不還是沒事？他還有一次在撒哈拉沙漠墜機，餓著肚子走了三天三夜，不也被阿拉伯牧民救出了嗎？那段經歷還啟發他寫出外星球的小王子闖入荒涼沙漠，結識落難飛行員的美妙童話呢！

安東尼是不會死的，因為他幾乎已死過幾次了。不會的，他的命大，一定不會出事的！

加瓦勒猛睜開眼來，看到指針已指向 14:30，

哎呀，那是安東尼那架偵察機油量耗盡的時刻！此刻他大腦一片空白，心像吊在半空晃蕩著。他失神的望著身邊那只手提箱，下意識的打開箱子，裡面是厚厚一疊打字稿，那是還沒完成的書稿，書名是《要塞》。安東尼上飛機前對他說的話在耳邊響起：「我寫不完了，這本書本身就不會有結尾。」

一直等到 15:30，加瓦勒上尉百般無奈的提起筆，在飛行日誌上寫下一行顫抖的字：「1944 年 7 月 31 日上午 8:45，飛行員安東尼・聖修伯里前往法國南部執行長途偵察任務，沒有返航，被假定為失蹤。」

聖莫里斯城堡

　　1944 年夏天的一個日子，法國里昂東北五十公里外，一大塊烏雲停留在聖莫里斯城堡的上空。城堡裡，義大利式的平臺顯得異樣的寧靜。

　　從大鐵門望進去，看得見長長的菩提樹掩映的馬車道。一棵棵挺直的菩提樹就像穿著灰色制服的衛兵，忠誠的站立兩旁。菩提樹的葉子呈心形，綠綠的泛著光澤，天亮的時候，寬大的葉面會分泌出水滴，沿著細長的葉尖淌下。

　　奇怪的是，這幾天，菩提樹的枝條淌下的水滴，竟如淚水一般不停的流下。莫非菩提樹也聽到了遠方的風傳來的消息：「熱愛樹木花草的小主人失蹤了！」

　　菩提樹上的鳥兒、池塘裡的鴨子和花園裡的

松鼠，也都靜悄悄的，失去了往日的活力，難道牠們也聽到了遠方的風傳來的消息：「熱愛小動物的小主人失蹤了！」

　　洗衣房裡的女工、廚房裡的廚師、馬廄裡的馬夫、農場裡的農夫、花圃裡的園丁，還有織布的、縫衣的、打鐵的、蓋房的、掃地的，幾乎所有的僕人都愁眉不展，唉聲嘆氣。他們確實聽到了遠方的風傳來的消息：「不得了啦，總拖著綠色小椅子去菩提樹下聽伯爵夫人講故事的小主人失蹤了！用皮帶牽著烏龜散步的小主人失蹤了！調皮好動會打架的小主人失蹤了！睡醒了把房間弄得亂七八糟，從來不肯收拾玩具的小主人失蹤了！」

　　「你們哪個是最後見過安東尼少爺的？」不知是誰冒失的大聲發問。沒有人應聲，自從城堡換了主人，誰還會見過安東尼少爺？

　　慢慢的，有人舉起了手，那是一個矮小瘦弱的老婦人。有些僕人認出她是原先這兒的女僕夏

佩，不知怎麼的，這一天她也來了。

「唉！」夏佩嘆了一聲，「在該死的戰爭爆發之前，我在圍牆外見到少爺，就在後院的門外，他正對著圍牆發呆。我跟他說，進去看看吧，雖然換了主人，但不少原先的僕人還在呢，還都念著您呢！可是，少爺硬是不肯踏進門一步，我就帶他去我剛買下的小屋。我找出在城堡裡拍的一堆老照片，他一張一張的看，就是不出聲，我知道他是捨不得童年那段時光。他曾說過，聖莫里斯城堡的圍牆，可能比中國的萬里長城封藏著更多的祕密。」

周圍的人靜靜的聽著，那些年紀大的伺候過安東尼少爺，那些年紀輕的是後來到城堡打工的，沒見過安東尼少爺，但都知道聖莫里斯村出了一個會開飛機的少爺。那個年代的飛行員可比歌星的名氣大得多，那些沒見過飛行員少爺的僕人，死纏著夏佩講下去。

「我是看著少爺被抱進城堡的，聖母升天節

那天，他才滿月不久，來城堡的小教堂接受洗禮，教區的蒙特蘇神父也趕來了。那時的我，成天整理床單和桌巾，把白色的桌巾熨得平平的，聞起來可香呢。我閒下來就帶少爺和他的兩個姐姐瑪德蕾娜和西蒙娜，還有他的弟弟弗朗索瓦和妹妹佳布麗爾去花園裡玩。日子長了，少爺跟我特別親，老黏著我，看我給他的姐姐和妹妹梳頭。他闖了禍怕挨打，就藏在我的床下。他愛吃甜的，晚上會溜進我的房間，跟我要幾粒浸酒的方糖來吃。」

「我們叫他太陽王，因為他小時候有一頭濃密的金髮。太陽王天不怕地不怕，敢跟人打架，敢上屋頂夜遊，敢清早逼著姐姐、弟弟和妹妹聽他念新寫的詩，敢烤了一隻烏鴉說是小雞騙神父吃下肚。他呀，後來還敢自己打造腳踏飛機呢！」

僕人們越聽越入神，可是幹活是正事，誰都不敢耽誤，也就陸續散去了，只剩下夏佩還在自言自語。靜悄悄的，只有菩提樹聽著，大草坪聽

著，又高又陡的深灰色的屋頂聽著，灰色的圍牆聽著，整個城堡聽著。

夏佩數說的往事，整個城堡都記得：伯爵夫人帶著五個可愛的孩子在大草坪上合影，伯爵夫人帶著五個會彈奏樂器的孩子在客廳裡開家庭音樂會，五個孩子鑽在花園裡辨認不一樣的花草，躺在大草坪上辨別不一樣的鳥雀的鳴叫聲，沿著圍牆喘著氣練習跑步，在小池塘邊找小鴨小魚玩樂，在廣場上自編自演小話劇。在這些場合，安東尼少爺的笑聲最響亮。

這裡說的伯爵夫人是安東尼的媽媽瑪麗，不是老伯爵夫人，老伯爵夫人是安東尼媽媽的姨媽，安東尼的姨婆婆。說實在的，整個城堡不怎麼喜歡老伯爵夫人，上上下下還有點怕她。老伯爵夫人老是穿著黑黑的衣服，拄著細細的拐杖，晚餐後，她老

是催促家人去小教堂，用艱難的拉丁文禱告。還有，她老是苛責廚師做菜不盡心盡力，也老是埋怨蒙特蘇神父常來城堡，是因為看中酒窖裡的白蘭地酒。

自從伯爵夫人帶著她的五個孩子住進了城堡，城堡不再苦著臉，伯爵夫人和五個孩子的鋼琴聲、小提琴聲、朗誦聲、歡笑聲比老伯爵夫人的嘆氣聲、埋怨聲、玩骨牌聲、玩橋牌聲好聽多了。伯爵夫人會彈鋼琴、彈吉他、講故事、繡花、畫水彩畫，還會作曲，整個城堡都歡迎伯爵夫人和她的五個孩子。

寬廣的大草坪記得，安東尼從來不會錯過大雨，只要聽見嘩啦嘩啦的大雨聲，他總是第一個光著腳從屋裡跑出來，奔進大雨裡，把姐姐弟弟妹妹都喊出來，站在一起比誰在大雨裡淋得最久。安東尼還出了個主意，誰在雨地裡站的時間最長，誰就可以封為「騎士」。

神祕的閣樓和安東尼的關係最為密切了，安

東尼常常鑽進閣樓裡翻東翻西，希望能發現老祖宗隱藏的祕密或藏匿的珍寶。有一次，他從積滿灰塵的大皮箱裡找到一本舊書，從封面的圖畫上，他猜測這是一本關於釀製葡萄酒的書，儘管識不了幾個字，也一頁一頁的翻著看，連吃飯都忘記了。

只有城堡三樓窗戶的那些欄杆，會讓安東尼垂頭喪氣，因為那些欄杆就是為了防止他私自上屋頂夜遊，而特別安裝的。至於城堡花園盡頭那扇被堵死的門，早被安東尼用生鏽的鑰匙打開，任由他帶著弟妹往那個神祕的水池裡扔小石子。

城堡也會有被「太陽王」安東尼嚇破膽的日子。有一年夏天鬧旱災，菜田裡的白菜苗、黃瓜苗都病懨懨的，安東尼不知從什麼地方搬來一只小馬達，興沖沖的說要改進城堡的灌溉系統，幫菜田澆水，讓大伙兒有新鮮的白菜、脆嫩的黃瓜可吃。他的弟

弟弗朗索瓦緊緊跟在身後，哪知道操作過程不小心引起爆炸，弗朗索瓦受了傷，滿臉是血。

城堡最為自豪的，是安東尼動手製造帶風帆的腳踏飛機，此事連蒙特蘇神父也受感動，請來木匠為滑翔飛機製作機翼，後來雖然沒有成功，但足以顯示安東尼從小就對飛行十分熱愛。

總之，渾身充滿著精力，充滿著好奇心的安東尼，儼然成了聖莫里斯城堡的小王子。城堡的每個地方，連大人們從不光顧的那些隱祕角落，都留下安東尼的身影。

這占地五公頃的聖莫里斯城堡，無法忘懷安東尼最深情的一句話：「這城堡，充滿了我童年的影子。」

如今，古老的城堡怎能捨得讓安東尼離去，它深情的呼喚著：「親愛的安東尼，你在哪裡？你在哪裡？」

城堡外，聖莫里斯村的老公公老婆婆也抬頭凝望著天際的白雲：「親愛的安東尼，你駕著飛機

究竟去了哪裡?我們還等著你來敲敲背、捶捶腿、聊聊天呢!」聖莫里斯村的小弟弟小妹妹也一個個低頭傷心,今年的聖誕節,親愛的安東尼還會像往年那樣,貼著白鬍子扮成聖誕老人送來禮物嗎?

啊,這19世紀的城堡和古老的聖莫里斯村,見證了多少歲月的傳遞,迎送了多少生命的來去,獨獨記住了安東尼‧聖修伯里的名字!這個名字,後來出現在聖莫里斯村的戰爭紀念碑上,再後來,當地的中央廣場被命名為聖修伯里廣場,里昂的機場被命名為里昂聖修伯里機場。

里昂城裡,豎立起一座三、四層樓高的紀念碑,一身飛行員裝束的安東尼‧聖修伯

里站在碑頂，身旁坐著他寫在童話裡的小王子。

里昂城裡，壁畫大樓的外牆，出現編號 14 的名人，那就是安東尼‧聖修伯里和他筆下的小王子。

人們還可以在巴黎先賢寺的牆上，看到第二次世界大戰中為法國捐軀的作家姓名，其中有一個就是「安東尼‧聖修伯里」，下方還刻著飛行失蹤的日期。

人們還會發現，除了郵票*和明信片，五十法郎的紙鈔上也印有安東尼‧聖修伯里的畫像。

茫茫宇宙裡，一顆小行星，被命名為「安東尼‧聖修伯里」，編號 2578。

啊，安東尼‧聖修伯里是永遠的名字，閃耀著太陽光輝的名字。

---

* **郵票**：有關安東尼‧聖修伯里的郵票共有三十多種，最早的由法屬西非在 1947 年 3 月 24 日發行。1994 年，為紀念安東尼逝世五十週年，中非、匈牙利、以色列、墨西哥、阿根廷和斯洛維尼亞發行了郵票。2000 年是安東尼誕生一百週年，法國和阿根廷都發行了紀念郵票。

給媽媽的信

　　離開了城堡的夏佩，在聖莫里斯村的盡頭遇到了另一個老婦人，兩個人雖然年齡相仿，然而夏佩顯得矮小，皮膚粗糙，另一個身形高挑，皮膚光潔；更不一樣的是氣質，高挑的那一個經歷了歲月的琢磨，更顯出智慧和修養。

　　兩人開始了簡短的對話。一個彎腰行禮，說：「尊敬的伯爵夫人，我很難過，我聽到了少爺——」另一個立刻打斷對方的話，急切的說：「別說，我求妳別說，不管是哪一路風傳來的消息，我都不信！」

　　伯爵夫人瑪麗頓了一頓，吸了一口氣，柔聲的說下去：「親愛的夏佩，妳不是一向聽從我的嗎？我的安東尼好好的，等他來了信，我會第一

時間告訴妳的。」說完，她優雅的轉身離開，剩下舊日的女僕驚愕的站在街頭。

夏佩回過神來，對著老主人的背影鞠躬。她想：「這是怎麼啦？伯爵夫人是來為教堂的唱詩班編寫聖歌呢，還是來指導村裡的姑娘們刺繡？唉，我真該死，惹夫人生氣了。」

瑪麗走了幾步，也愣了一下，她完全忘了為什麼來聖莫里斯村，她只聽到有一個聲音在心底響起：「回家去，快回家去！」她急速轉過身，重新去搭乘蒸汽火車。

是的，她要回家，回家去查看信箱裡有沒有遠方兒子的來信。

瑪麗當然也聽到了遠方的風傳來的消息：「安東尼在飛行途中失蹤了！」

後來又聽到更壞的消息：「安東尼被敵機擊中，英勇犧牲！」

「安東尼得了憂鬱症，自殺身亡！」

飛機被擊中怎麼會找不到殘骸呢？傳統的天

主教家庭長大的孩子怎麼會殘害自己的生命呢？
瑪麗始終相信安東尼還活著，好好的活著。兒子
只是選了個清淨的地方，為的是避開迷亂的社
會，避開虛榮的政客。等著吧，有一天，兒子會
給媽媽來信的。

　　瑪麗回到家門口，站在臺階上打開信箱，信
箱裡空空的，她顯然有一點失望。

　　她匆匆進屋，開始尋找兒子以前寫給她的那
些信。從橢圓形寫字桌上，從玻璃書櫃裡，從鴨
絨枕頭下，從梳妝臺的抽屜裡，從儲藏室的角落，
從大衣的口袋裡，找到了一封又一封兒子給她的
信。

　　是的，安東尼常常
寫信給她，信雖然很
短，但從來沒有停止
過，他在每一封信裡
訴說對她的思念，對她的
愛。幾乎每一封信的開頭都

是：「親愛的媽媽，我愛妳！」

　　瑪麗很焦急的，很努力的，從樓上走到樓下，從一個房間走到另一個房間，陸續找到近百封兒子給她的信。她捧著成堆的信，走進她的臥室。梳妝臺太小，不夠放那麼多信，她就索性放在床上。那撒開的信，就像盛開的花朵，給了她安慰，給了她信念：「我不急，兒子會給媽媽來信的。」

　　她覺得累了，彎腰在床邊坐下。離身邊最近的一封信，信箋已經滑出信封，好像在向她招手。她拿起那張信箋，輕輕念了起來：

　　「親愛的媽媽，我愛妳！我記得妳曾到學校見神父，請求他取消留校察看的規定。我背著又大又重的書包回家，不停的哭泣，因為我被處罰了。反正，妳也知道勒芒學校的規矩。妳的擁抱和親吻總讓我忘掉所有不愉快的事，妳的支持讓我更有勇氣面對老師和神父。我們和妳在一起時覺得很安全。除了是妳的兒子之外，我們什麼都不是。這種感覺真好。」

　　一瞬間，瑪麗想起兒子離開聖莫里斯城堡後最初的歲月。那年，安東尼才九歲，牽著弟弟離開城堡，去勒芒學校念書。那是聖修伯里家族*為小男孩前途所做出的殘酷決定，做母親的也沒法改變。

　　勒芒學校是教會辦的一所寄宿學校，學生一律穿海軍藍制服。餐廳不提供暖氣，學生穿著厚外套，吃著少得可憐的飯菜。星期一到星期六早晨七點半的彌撒，和星期日早晨八點半的大禮彌撒，每一個男生都必須參加。除了星期日，每天還安排自修時間，直到晚上七點鐘。學生一不小心犯錯就得罰站、罰跑步，甚至罰挨鞭子。活潑好動的安東尼找不到夏佩，也找不到媽媽，只能以沉默來承受折磨。

　　安東尼十四歲那年最難熬，瑪麗為了照護戰

---

*聖修伯里家族：安東尼的家族史可追溯到 13 世紀十字軍東征時代，世代尚武，武將輩出。祖父是保險公司董事，父親當過騎兵團軍官、保險公司業務員。

場上負傷的官兵，將兩個兒子送到蒙戈雷中學。在那所實行鐵之紀律的寄宿學校，安東尼更像是一個囚犯，因為他老是犯錯，所有的自由活動時間幾乎都被「留校察看」了。有一次，他跟幾個同學偷偷將戰艦和郵輪的畫報掛在自修室的牆上，被罰留校十二個小時。

那時，安東尼唯一覺得有意思的，是他的頭髮變了顏色，由金色變成了棕色。其實，這並不稀奇，不少金髮少年在成長的過程裡，頭髮會慢慢變成棕色。

瑪麗想到這裡，兒子的面容就在眼前浮現，他的翹鼻子像她，一雙大眼睛也有點像她。他正幽幽的向她訴說：「親愛的媽媽，我愛妳！妳快來救我們，快將我們從這個巫婆的巢穴裡救出來！我們一天都等不及了！」

瑪麗的眼睛溼潤了，稍停

一會，打開身旁另一封信，那是兒子初學飛行的日子裡寄來的：「親愛的媽媽，我剛從飛機上下來，整個人像翻轉過來了。我在高空尋找地面，越往下看，就越左右搖晃。我以為飛得很高，突然一個垂直旋轉，就降下來了，但飛機一發狠，兩分鐘就上升了一千公尺。哎呀，飛機又跳又滾又前後搖擺！」

瑪麗記得兒子鍾愛的那幾架飛機，單人座的斯巴德機纖細光滑，昂西歐機是大腹便便的火流星，兒子飛的那一架像一條鯊魚，機翼猶如皺起的眉毛，霸氣十足。

接著打開的另一封信曾經讓瑪麗心驚肉跳：「親愛的媽媽，因為飛得很高，我一個人在飛機裡凍得哭了。我光是把手伸進口袋拿出地圖，就花了二十分鐘。我把手指咬得發痛，而我的腳都麻木了。我不知道該怎麼辦，飛機開始亂飛，真可怕！」

還有這樣一封讓瑪麗笑出聲來的信：「我的

好媽媽，要是妳看到我全身裹得像愛斯基摩人，
笨重得像大象，妳一定會認不出我。我戴著羊毛
頭套，只在兩眼的地方開孔，加上還戴了眼鏡。
脖子上圍了大披巾，身上穿著白色緊身毛衣，再
加上連身褲。手戴大手套，穿兩雙襪子，再套進
大鞋子。」

　　還有這樣一封讓瑪麗感動得透不過氣的信：
「我的好媽媽，收到妳寄來的短短的信，會讓我
覺得很親切，因為妳是我心中無盡的溫柔。妳的
來信和對妳的想念，可以治療我的憂傷。我的桌
上擺著妳那幅粉彩畫，畫著榛樹的枝芽，還有那
張妳微微彎著腰的照片，使我滿心喜悅。三年來
妳寫給我的信，都放在一個抽屜裡。」

　　更有這樣一封讓瑪麗流淚的信：「我的好媽
媽，我困在沙漠裡，絕望時呼喚了妳。所有人都
不在，我很生氣，於是我呼喚著妳。我那時需要
的是妳，我要妳的保護，妳的照顧，我就像自私
的小山羊呼喚著妳。我從沙漠裡回來有幾分是為

了我的妻子，但我之所以能夠回來，全是靠妳。媽媽，妳看上去那麼柔弱，卻百分之百是我的守護天使，那麼堅強，充滿智慧，而且滿懷愛心。」

瑪麗一封封念著：

「親愛的媽媽，我愛妳！妳是我生命中最美好的。今晚，我尤其想家，像小孩一般！想到妳正在那兒走著、說著，而我卻不能和妳一起，不能享受妳的溫柔。確實，妳是我傷心時唯一的安慰。」

「親愛的媽媽，我愛妳！我覺得妳是那麼美好，而且是我所認識的媽媽當中最細膩的那一位。」

「親愛的媽媽，我愛妳！世上任何事物都比不上妳的溫柔，我從未愛過任何人像愛妳那樣深。」

念著，念著，瑪麗的眼淚止不住的淌下。她越念下去，思念兒子的欲望越強烈。這是兒子給

她的信，這是兒子在跟她說話，她怎麼捨得中斷呢？

她瞥見有一疊用紅絨繩紮起的信，她記得那疊信一共有三封，信封上的郵戳都標明著 1930 年1 月，是兒子三十歲那年從布宜諾斯艾利斯寄給她的。信上這樣寫著：

「親愛的媽媽，我愛妳！妳無法真正了解我對妳的那份無限感激，妳也無法了解妳為我建造了怎樣的一座回憶的家。」

「親愛的媽媽，每當我們入睡，為了讓我們的夢不受干擾，妳向我們彎下腰，輕輕撫平床單上的皺褶，撫平波浪般的被子。妳的安撫猶如天神的手平息大海的波浪。」

「親愛的媽媽，教給我什麼叫浩瀚的，不是銀河，不是飛行，也不是大海，而是妳房裡的那第二張床。原來生病竟是多麼美好的運氣，我們感冒發燒的日子裡，才能躺在妳房裡的第二張床上，享有貼近妳的幸福時光。」

　　還有兩封也是 1930 年從布宜諾斯艾利斯寄來的，時間僅推遲了六個月，信上寫著：

　　「親愛的媽媽，我愛妳！我想到我在聖莫里斯城堡的寶物箱，還有我的菩提樹，我向所有的朋友敘述我們童年的遊戲。」

　　「親愛的媽媽，我愛妳！所有的溫柔，妳的最為珍貴，日子難過時，我們總是回到妳的臂彎裡。我們需要妳，像孩子般，而且經常的。妳就像是保護傘，看到妳的面容就使人安心。」

　　讀了這些信，瑪麗只有一個回答：「親愛的兒子，你既然這樣愛我，信任我，為什麼還不回來

呢？為什麼不讓我來擁抱和親吻你呢？為什麼不讓我以溫柔來填滿你的生命，治癒你的憂傷呢？親愛的兒子，快回來吧！」

　　那麼多年來，安東尼給她的所有信裡，瑪麗最為驕傲的，是這樣一句話：「親愛的媽媽，我愛妳！妳是如何找到妳所說的那許多美好的事物的呢？」

　　確實，瑪麗是一個偉大的母親，她心思細膩的替五個孩子請了鋼琴老師、小提琴老師和家庭歌唱老師，她盡心盡力教五個孩子音樂、繪畫、朗誦、寫作、舞蹈，甚至戲劇表演。尤其對個性倔強好勝的安東尼，她付出加倍的關愛和耐心。兒子很小就會寫十四行詩，那是很難寫的一種詩體，也會用小提琴拉蕭邦的第十三號小夜曲，那也是難度很高的一首曲子。

　　儘管聖修伯里家族的長輩和教會的神父責怪瑪麗太放縱自己的孩子，瑪麗仍然鼓勵孩子們掙脫僵硬的貴族規矩，活出自己的天空。家族和教會對安東尼的婚姻有異議，不滿意安東尼的妻子康素羅出身平民家庭，而且不是天主教徒。但瑪麗不以為然，親自籌備他倆的婚禮。

　　瑪麗的五個孩子中，只有小女兒佳布麗爾後來生育了孩子。佳布麗爾的孩子們很歡迎外婆去作客，總是爭著幫外婆提行李。為了滿足每個孩子幫她提行李的願望，富有愛心的瑪麗，甚至多帶了一個空的輕便箱子。

　　念了那麼多信，瑪麗不知不覺睡著了。她身邊的那些信，有的依偎在她的臂彎裡，有的趴在她的枕上，有的貼著她的鬢髮。在這溫馨的畫面裡，瑪麗做了一個又一個美麗的夢：

　　哦，媽媽，燭光裡的媽媽，小安東尼一定要有了您的親吻，才肯去自己的小房間安睡。

　　哦，媽媽，菩提樹下的媽媽，小安東尼搬來

了小椅子，一定要纏著您講《聖經》故事。

哦，媽媽，拿著水彩筆的媽媽，小安東尼賴在您身邊，一定要跟您一起畫美麗的花草。

哦，媽媽，彈鋼琴的媽媽，小安東尼專心的聽著您的琴聲，一定要跟您學唱動聽的歌。

月兒缺了又圓，葉兒黃了又綠，臺階上的信箱裡一直空空的，瑪麗的心裡也是空空的。

忽然，有一天，臺階上的信箱裡躺著一封信。啊，信封上，那是熟悉的字跡，那是安東尼給媽媽的信呀。

喜從天降，瑪麗拿著信的手在發抖。她費了很大的勁才拆開信。她拿出信箋，急急看向最後一行。那最後一句話是：「親吻我，如同我從內心深處親吻妳一般。」

可是，瑪麗在欣喜的同時，又像遭到了電擊。因為緊跟著那句話的是落款的日期，竟是去年7月裡的一個日子。天哪，因為戰爭阻斷了郵路，安東尼失蹤前寄給媽媽的信，隔了整

整一年，才到達望眼欲穿的媽媽手裡。

那薄薄的信箋，像是沉睡了許久，因瑪麗手指的觸摸而甦醒過來，卻又顫顫抖動著，像是作無言的告別。瑪麗一陣麻木，暈了過去。

瑪麗醒過來的時候，還是昏昏沉沉的，手裡仍緊握著那封遲來的信，就像緊緊牽著遠方的兒子，可憐的兒子！

瑪麗拿著信，跌跌撞撞的上了蒸汽火車，又跌跌撞撞的摸到了夏佩的那幢小屋。她見了夏佩，喘了好大一口氣，舒緩了許久，說出的話還是斷斷續續，不成句子。夏佩又驚又怕，接過瑪麗手裡的信，讀了信才明白真相，撲向瑪麗抱頭痛哭。

過了許多年，瑪麗將安東尼給她的信，以「給母親的信」為名，委託法國著名的葛俐瑪出版社出版。這跨越了三十四個年頭的近百封信，流露出安東尼對母親的無限依戀，也讓世人感受到母親的一片愛心。這近百封信，也給廣大讀者提供

了研究安東尼‧聖修伯里成長過程、創作思想等方面的珍貴資料。

　　瑪麗有無邊的愛心，不僅愛自己的孩子，也愛身邊需要幫助的人們。她擁有國家護理證書，在第一次世界大戰期間成立救護站；她為法國北部及諾曼第省的鐵路工人舉辦過慈善活動；她參與紅十字會接濟里昂的窮人；她在法國南部和修女們一起，照顧肺病患者和垂危的癌症病人。

　　瑪麗於 1972 年去世，享年九十七歲。

小王子的玫瑰

　　最柔弱的莫過於天上的雲朵了，據說雲朵受了一點委屈就會掉眼淚，那眼淚就是滴滴答答的小雨；要是一大堆雲朵傷心得嚎啕大哭，那就是嘩啦嘩啦的大雨；要是四面八方的雲朵哭喪著臉，聚在一起訴苦，那就是能把白天變成黑夜的暴雨。

　　這幾天，老天爺吐苦水，暴雨下個沒完沒了。美麗嬌小的康素羅獨自坐在窗前，呆呆的想著心事。那急雨拚命的往玻璃窗上撞，像要逃到她的懷裡來。窗外那條街像是一條流淌的河，四周沒有一個人影。

　　其實，萬里無雲、藍天如洗的日子，康素羅反而會為丈夫安東尼擔憂。因為，如果沒有雲層

的掩護，駕機飛行的安東尼一旦遇上德軍的戰鬥機，就無處躲藏，他的偵察機上沒有抵抗的武器，而作為一個超齡八歲又多次負傷的飛行員，他哪有本事在緊要關頭還身手靈活的借助降落傘逃生呢？

這幾天，不知為什麼，康素羅總有一種預感：「安東尼會出事，我的安東尼會出事，我該怎麼辦？怎麼辦？」

六年前，康素羅就有過這樣一種預感。當時，她正從巴黎飛往薩爾瓦多，途中預感丈夫會有不測，急忙找到他的下落，幸好她及時趕到瓜地馬拉，安東尼才能轉危為安。那是 1938 年 2 月 15 日清晨，安東尼駕機從紐約起飛，三十二個小時後在瓜地馬拉墜落地面，他嚴重腦震盪，下巴和右手骨折。老天保佑，康素羅趕到了，她趕走了正要為丈夫截肢的醫生。

可是，這次，連安東尼將在哪裡遇險都沒法判斷，她怎麼解救他呢？康素羅隔著窗戶，隔著

雨幕，對著院子裡安東尼的塑像發呆。

　　那座塑像，是她運用智慧和想像，親自雕塑的。她知道，嫁了飛行員，這一生就得學會等待，學會懸著心苦苦等待丈夫平安回家，有時候，等得心都慌了。所以，為了圖個心安，自家的院子裡，就有了這座塑像。平時，她會撫摸、擁抱丈夫的塑像，彷彿有了這座塑像，她就看住了丈夫。

　　往常，她思念丈夫的時候，向這塑像望一眼，就會減去一分相思；她怨恨丈夫的時候，向這塑像瞪一眼，就會消除一分怨氣。可是這幾天，每當她向這塑像望一眼，心裡不是愛，也不是怨，只是痛。愛是運氣，怨是緣分，而今，被自己所愛所怨的人，即將消逝而去，她的心裡怎能不痛呢？

　　為了安慰自己，康素羅

除了用青銅和陶土塑像，她還用炭條和水彩作畫，讓院子裡有安東尼的塑像，牆上也有安東尼的肖像畫，不只一個安東尼圍在她的身旁。

透過細密的雨幕，透過時間的薄紗，康素羅彷彿回到了當初和安東尼相遇的十字路口。

1930 年，阿根廷首都布宜諾斯艾利斯的一次上流社會的聚會上，小鳥依人的康素羅遇到了人高馬大的安東尼。在社交圈裡很有名聲的安東尼，一開口就說她又矮又瘦，她生氣得起身就走，安東尼連忙道歉：「都怪我這幾個月都在天上飛，幾乎沒有見過一位女士，所以連最起碼的和女士交往的禮儀都忘了，您能馴服我這頭不懂禮貌的大笨熊嗎？」

為了表達誠意，安東尼邀請她一起遨遊天空，俯瞰布宜諾斯艾利斯全城。那年頭，坐飛機是最酷最刺激的，就跟現在徒手攀岩和冰下潛水一樣令人心驚膽顫。對於飛行，康素羅心裡怕得要命，可是嘴上卻說：「誰知你安的什麼心？除非

我的死黨陪我一起上飛機！」

　　這可難不倒身為航空站運輸經理的安東尼，他調了一架九人座的飛機，帶著她和她的朋友們上了天空。安東尼喜歡這個心直口快的康素羅，她有一頭棕色頭髮，一雙烏溜溜的大眼睛，外表很年輕，有濃重的西班牙口音，也能說流利的法語、英語，說出的每一句話都富有詩意。安東尼安排她坐在副駕駛的位置，讓她的朋友們坐在機艙後面的座位上。

　　飛行沒多久，就有了喜劇性的一幕：安東尼側過臉要康素羅吻他，被一口回絕了：「你做夢吧，西班牙女子只吻她的心上人。」安東尼索性關掉飛機的引擎，臭著臉說：「妳一定是嫌我的翹鼻子難看，許多人都說我的鼻子像圓月彎刀。唉，妳不吻我，我只能傷心而死！」引擎一停，機艙裡一片靜寂。

　　康素羅深怕飛機出事，趕緊在他臉上吻了一下。安東尼樂了，引擎重新發動，迸出了愛情交

響樂的第一個快樂音符。從此，嬌小苗條的康素羅成了安東尼掛在嘴邊的「熱帶小島飛來的可愛小鳥」。

這兩個人，一個單純並執著，熱愛繪畫、雕塑和寫作；另一個天真並任性，醉心於飛行事業和文學創作，他們互相吸引，互相扶持，成了一對戀人。到了聖誕節前夕，「天上的大鳥」向「島上的小鳥」求婚，後者沒有答應，還坐船回到了法國。他們在六個星期後重逢，「大鳥」帶給「小鳥」的禮物是在阿根廷買的一隻猴子。

這對戀人在尼斯的鄉間別墅度過了最狂野、最絢麗的幾個星期。安東尼在愛人身邊完成了《夜航》一書。他說這本書的前面八十頁是寫給康素羅的情書，為了向愛人證明自己是天才作家，短短的日子裡就

寫了四百多頁。而康素羅也跟他玩一個愛情遊戲：她把他關在書房裡，他若是想要見到她，就非得寫出五、六頁來不可。安東尼在給康素羅的信裡說：「我不能沒有妳，妳是全世界最惹人憐愛的女人，妳是仙女下凡。」

1931 年 4 月 23 日，在阿蓋城堡寬敞的露臺上，滿眼都是天竺葵、杜鵑花和葡萄酒，他倆在神父的主持下結為夫妻。從此，恩愛的小倆口自由自在過著不受社會拘束的生活。但是又有誰會料到，他們在往後的日子裡會鬧彆扭，會有那麼多的分分合合？難道所有的婚姻都會經歷磨難？

窗外的雨幕變得越來越厚重，康素羅已分辨不清院子裡的塑像，她的眼簾也重了起來，不知不覺闔上了。她伏在攤開的畫紙上，夢見了穿著飛行服的安東尼，正要向他奔去，卻被一群漂亮的姑娘擋住，她們爭著擁抱安東尼，還爭著和他合影。這群姑娘剛散去，又來了一群更漂亮的姑娘，她們拿著安東尼獲獎的新書，爭著要西裝筆

挺的大作家安東尼簽名。等到所有的姑娘們散去，康素羅向安東尼奔去，卻又被安東尼的飛機死死的擋住。

丈夫的身邊常有追星族圍繞著，康素羅被惹惱了：「唉，安東尼究竟有多少粉絲，他心裡還有我嗎？即使他心裡有我，我也是排在他心愛的飛機後面，一定的！」她常會莫名其妙的發火。而安東尼對妻子也管得很緊，一到家，康素羅就得寸步不離的陪著他，即使妻子正在電影院看電影，也得立刻回家。

但只要安東尼回家，康素羅就會感到幸福，就會竭盡全力幫助他創作小說。她怕他離家，怕他去執行出生入死的飛行任務。一旦他飛上天，她就見不到他。夜幕降臨，他仍在天的一邊。有時她會去機場等他，要是等不到，就會心慌意亂。

他曾經對她說：「康素羅，我真心感謝妳一路走來，始終陪在我身邊。在這麼大的世界裡，我常常迷失了。妳是唯一安慰我的照亮屋子的一顆

小星星。小親親啊，請讓這顆小星星永遠純潔無
瑕。」他還說過：「親愛的，我們分居時，我做了
一個夢。夢見樹木枯死，一片死氣沉沉。突然間，
一切都變了，樹上冒出新芽，世界變得多彩多姿。
我知道那原因就是妳，因為妳站在那兒。只要妳
一回來，我心中對萬物的愛又被喚醒。康素羅，
那時我便明白，我永遠愛妳。」

　　從南美洲到法國，從法國到西班牙，從西班
牙到非洲，從非洲到美國，聚少離多的十三年過
去了，康素羅感覺自己站在和安東尼分離的十字
路口。這次，安東尼的引擎又停下來了，為什麼
自己這一次不是坐在他的副駕駛位置上呢？唉，

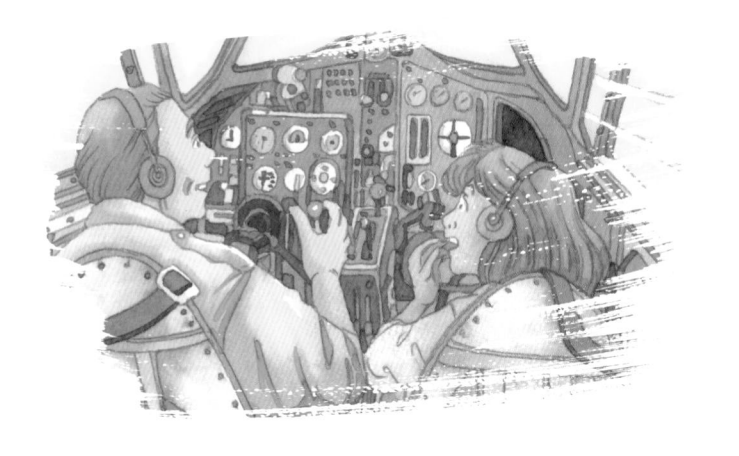

要是那樣的話，自己只要死命的親吻他，這位獲得三枚戰鬥勳章，飛行時數累計超過六千五百小時的飛行員，不就起死回生了嗎？

康素羅醒來時，窗外一片漆黑，夜幕顯得深邃又神祕。此刻，她見不到塑像，塑像也一定見不到她。她不甘心，她一定要見他，他一定也要見她。想到這裡，她立刻站了起來，打開門、衝到了雨地裡。恍惚間，她看到那塑像也站起來了，筆直的向她奔來，她快走兩步，和塑像依偎在一起，她貼著塑像的臉，感覺塑像臉上溼漉漉的，塑像也哭了。

「可是，為什麼我的淚是燙的，而塑像的淚是冷的？天啊，我已經將你刻在我的心上了，你再也離不開我了！」康素羅痛心的呼喊著，雙手摀住胸，任眼淚不停淌下。啊，那厚重的雨幕，滿是思念的淚！她分不清虛假還是真實，她聽到丈夫對著她耳語：「我親愛的小女孩，我的小女人，我的小魔女，妳別難過，想我的時候，就讀

《小王子》吧，那是我寫給妳的情書啊！」她拼命的回應著：「我知道，我知道，我就是小王子的玫瑰！」

她不由自主的背誦起《小王子》裡關於玫瑰的句子：

「她慢慢打扮自己，輕撫一片片花瓣，她不想和罌粟花一樣，花瓣總是凌亂，她想以最美的一面，展現在世人眼前。啊，沒錯，她喜歡賣弄風情，她一梳妝打扮，總得花上幾天的時間。」

「玫瑰咳得很厲害，假裝快死了。」

「我當然愛你，因為我的錯誤造成你什麼也不了解。但是你和我一樣笨。」

她又背誦起關於小王子的句子：

「如果有人愛上浩瀚星辰中獨一無二的一

枝花，那麼他仰望繁星時，應當感到無比幸福。他會告訴自己：我的花朵正在遠方某處。」

「她用生命將我包圍，並照亮我的生命。我不該離她而去。我早該知道，花朵的心思總讓人猜不透，她隱藏著最深的溫柔。我太年輕了，不明白該如何愛她。」

「所以我得假裝照顧她，因為如果不這麼做，她會尋死，藉以羞辱我。」

確實，他倆常常爭吵，大吵一場後，丈夫會寫信給妻子：「儘管傷痕累累，我對妳依然一往情深，甚至比以前愛得更深。我在妳身邊時，就會嗅到 4 月紫苜蓿的清香。我無法告訴妳為了什麼理由而愛，因為根本沒有站得住腳的理由。為愛就愛才是最好的理由。」是的，他倆愛得那麼徹底，又愛得那麼心痛。他常常每天寫一封信給她。信很長，一寫就是二十幾頁，總是要求她原諒他。只要和好如初，他什麼條件都能答應。

多麼難忘的 1939 年，他只要人在巴黎，一定

會開車到她的別墅共度夜晚，有時來到門口，看到她的朋友們的汽車停在那裡，他轉身就走，但會在附近餐館寫字條，派人送給她。1942 年聖誕節到 1943 年 4 月，這段日子多麼難忘，他和她租了一間木板房子，後來又搬到一幢像他童年城堡的樓房裡，《小王子》就是在那段日子裡寫的，她還教他畫插圖呢。可是，他為什麼偏偏拒絕上司給他安排的後勤工作，非要到前線擔負危險的任務呢？

　　1944 年安東尼在 6 月 29 日生日那天寫信給康素羅：「我們兩個就像森林中糾結在一起的兩棵大樹，再也沒法分離，又被同樣的大風搖撼，一起迎接太陽和月亮，一生一世。親愛的康素羅，寫信給我，寫信給我，妳的信會讓我的心化作春天。讓我守護妳的愛吧！」

　　而在同一天，康素羅也給他寫了最後一封信：「今天是你的生日，這就是我能給你的一切：我奔跑，半個小時才能到教堂，七點半有彌撒。

我擔心害怕，因為你是世界上年齡最大的飛行員。如果我在這個星球上再也見不到你了，你在上帝身邊一定能找到我。就像植物在地裡，你在我心上生長。你是我的寶貝，我的世界。」

後來，當那遠方的風傳來安東尼失蹤的消息，康素羅沒有哭，一滴眼淚也沒有。安東尼沒有走遠，他的命活在她的身上。她始終記得他在耳邊說的悄悄話：「用妳的愛，給我做一件大衣吧，我有了妳這件大衣，德國人的子彈就不會擊中我。」會的，這件大衣一定會做的，但願這件大衣能裹著他，直到永遠。

安東尼不在的日子裡，康素羅仍像多年前一樣，滿懷柔情的摺疊他的衣服，整理他的床鋪，布置他的書房。她深藏著他的信，上面寫著：「我帶羽毛的小老鼠，我的榆樹，我的瘋狂的小女人，妳怎麼樣

了？我很想念妳，深深的如同一股清泉水。然而，上帝知道妳是多麼令人無法忍受，狂暴而不講理。但在這一切之後，卻隱藏著一團寧靜的微光，隱藏著善良溫柔，隱藏著一個真正的妻子。妳是我一生相伴的妻子，直到生命的最後一息。」

康素羅也寫了一封信給失蹤的丈夫：「你什麼時候才能回來呢？我都不知該怎樣給你寫信了，每寫一句，我都要擦去淚水。我為我們兩人禱告。你也要讓你那星球上的朋友保護我們，讓我們團聚。我給你寫了很多信，但一旦把信裝進信封，我就會將它們撕碎，因為它們根本無法說出我想給你的全部。既然你給了我照料你的權利，就請拿走我的全部芬芳、全部靈魂吧。你會回來的，我的愛人，你會回到我的身邊，還會寫出一本好書，並在生日那天送給我。」

有一天，瑪麗拿兒子的信來給康素羅看，信上寫著：「我的好媽媽，戰爭越危險，我對要依靠我的人憂慮越深。可憐的康素羅，孤零零的一個

人，教我無限憐憫。如果她哪一天避難到了南方，媽媽，請讓她住下，像待妳女兒那樣待她，就當是為了我吧。」瑪麗在一旁不停的流淚，康素羅沒有流淚，只是沉默。

直到多年後，她因一個動人的故事，才為安東尼流下了傷心的眼淚。

故事發生在不遠的葡萄園：一位英國人和一位德國人不約而同來作客，主人熱瓦魯笑著說：「其實兩位在 1942 年 3 月差一點相遇。」原來，那年，德軍在這個占領區擊落一架英國戰機，飛行員跳傘降落在葡萄園，主人將他藏在酒窖裡。一名德國軍官帶領士兵來搜尋，被主人用一百瓶上好的葡萄酒打發了。飛行員在酒窖藏了半個月，學會了釀酒。戰後，英國飛行員和德國

軍官都改行從事葡萄酒貿易，都想來買熱瓦魯的葡萄酒，就這樣舊地重遊，相互認識了。

一百瓶上好的葡萄酒，救了一個飛行員，多少年後又戲劇性的化敵為友，誰聽了這個故事都會像葡萄園主人熱瓦魯一樣笑出聲來。可是，康素羅哭了，痛哭了，淚水開了閘似的溼了衣襟。淚眼迷濛，她又一次看到了他，眼角上揚，還有那「圓月彎刀」的翹鼻子。「安東尼，你為什麼不是那個飛行員？安東尼，我的天空，我的地獄，為什麼你要離去？沒有你的蹤影，歲月也將終止！」

這天晚上，康素羅輕輕念起安東尼替她寫的祈禱文：「親愛的主，請讓我成為丈夫眼裡始終如一的妻子，也請幫助我的丈夫，因為他真心愛我。主啊，我祈求您，請讓他比我早走一步去天國，因為他無法忍受少了我聲音的家。如果我比他先走一步，他受的苦會無法形容。請保佑我多在家裡弄出一點聲音來，哪怕打破碗碟也心甘情願。

主啊，他的生命和我融合在一起，請保佑我們吧，阿們！」

祈禱完畢，康素羅將桌上一個酒杯輕輕推下，酒杯跌落，空蕩的房間裡發出清脆的聲響。「安東尼，你聽到了嗎？」她在心裡呼喊著。

在沒有安東尼陪伴的漫長日子裡，愛和痛在康素羅的心裡糾纏著。她用傾斜的字體寫下：「是的，我早知道，你會離去。你渴望的是另一種洗禮，槍林彈雨的洗禮。」她不斷用法文寫著、寫著，寫下了回憶錄《小王子的玫瑰》，一字一句還

原了安東尼人性的一面，記錄了愛情的甜蜜和苦澀。她用打字機將手稿打印在薄薄的紙上，用黑色的硬紙板裝訂起來。

到了晚年，康素羅身體衰弱，即使沒

有足夠的經濟收入支付醫藥費，她也不想出版她的回憶錄，也拒絕商人用金錢來換取安東尼的照片和書信。她將安東尼留下的一切，包括他的書信、文件、各種各樣的紀念品、《小王子》的插圖、電報和證書，以及她裝訂起來的手稿，全鎖在皮箱裡，藏在巴黎公寓的地下室。

1979 年，康素羅去世。二十年後，人們才聽到這位生長在薩爾瓦多火山腳下的美麗女子的心聲。《玫瑰的回憶》 在安東尼誕生一百週年的 2000 年，被康素羅的繼承人正式出版，引起社會轟動。從此，人們在紀念民族英雄安東尼的同時，也紀念奇女子康素羅。

選擇天空

　　夏天的夜空，月亮婆婆講故事，星星們圍著聽。風伯伯走來了，星星們以為它也想來聽故事，就急著對它眨眼睛：「請你別有聲音。」誰知道，風伯伯是特地來給星星們捎一個消息的。這個消息太沉重了，星星們聽了，都難過得閉上了眼睛，再也沒有心思聽故事了。

　　「飛行員安東尼失蹤了！」難道這是真的嗎？

　　星星們知道：安東尼的一生選擇了天空，他以飛行為第一生命。

　　從聖莫里斯城堡的童年時代起，安東尼就迷戀上了天空的風、雲朵、星星和飛鳥。那時，他天真的以為爬上菩提樹最高的枝椏，和斑鳩面對面就離天空近了一步，鑽出閣樓的小窗，爬上屋

頂數星星就離天空更近一步了。

　　到了少年時代，安東尼迷戀上特技飛行表演。那時，第一次世界大戰結束不久，有一批失業的飛行員常去鄉間巡迴演出。他們用農村的田地作為臨時跑道，駕著廉價買來的飛機，在村鎮的教堂上空表演雜技，忽而旋轉，忽而俯衝，忽而翻筋斗。在空中，大膽的飛行員會從一架飛機跳往另一架飛機，甚至敢在機翼上跳起舞來，被人們視為英雄好漢。整個小鎮的人會蜂湧而出，爭著買票觀看表演。

　　安東尼十二歲那年觀看特技飛行表演時，認識了飛行員薩爾維茲，後來幸運的坐上他的飛機，在低空盤旋了兩圈，算是第一次圓了飛上天的夢。

　　不久，他又迷戀上聖莫里斯城堡附近的昂貝略航空站，常常丟下功課，騎著單車抄小路去那兒遊蕩，著迷的觀看飛機起起落落。他在充滿油膩的停機棚裡鑽進鑽出，看飛行員擦洗飛機、拆

卸引擎，入神的聽他們嘮叨飛行中的故事。他用心記住每個飛行員的名字，熱心的替他們傳話，幫忙傳遞修理工具，甚至拿著沾滿機油的抹布，鑽到飛機肚子底下，將那裡的油跡擦洗乾淨。總之，他想方設法和飛行員交朋友。

那個航空站附近，還有一所飛行學校，同樣吸引了安東尼。當學員們上課的時候，安東尼會站在教室窗外偷聽。他那時十幾歲，長得很高了，那些教員趕也趕不走他，他會嘻皮笑臉的賴在那兒。

漸漸的，航空站的飛行員和飛行學校的教員們被這個翹鼻子的高個子少年感動了，讓他貼近飛機，指給他看哪兒是操縱桿、哪兒是推進器、哪兒是變速桿，告訴他怎樣檢查儀表板，給他講解飛機的

小常識及一些基本的飛行理論，甚至教他拆卸引擎，當然最要緊的是警告他別妨礙飛機的起降。

就這樣，安東尼小小年紀已經知道飛機在起飛前要注意哪些事情，要檢查哪些零件，還記住了機場裡常用的術語。

到了 1921 年，機會終於來了。那一年，法國政府徵兵，安東尼積極報名參加空軍，當上了地勤修護人員。4 月 9 日，他到史特拉斯堡戰鬥中隊報到，當了一名二等兵。

但他有點等不及，想早日開飛機，便向媽媽要了兩千法郎，私下拜飛行員艾比為師。6 月 18 日，他第一次正式坐進駕駛艙，興奮的聞著汽油味和機油味，心跳開始加快，扣上安全帶，把手放在駕駛盤上。右手握住操縱桿，左手摸到推進器，慢慢向前推，引擎聲音響起來了，飛機向前滑行。接著，抬起機頭，飛機就飛起來了。他再小心的拉出變速桿，向上推了推，飛機因為加速，機身開始抖動起來，一副雄赳赳的樣子。

也許是因為在昂貝略航空站看多了，安東尼很快就進入了狀況，身旁的艾比也放手讓他控制飛機的運行。安東尼認真的檢查高度和速度，注意到機場的跑道已經變

成了一個小點，就仔細的調整方向，不讓機身太傾斜。他感覺飛機正得意的在空中飛行，美妙極了！誰知緊接著引擎竟然起火，燒到了他的褲子，還好艾比及時接過操縱桿，否則後果不堪設想。

三個星期裡上了十一堂課，艾比帶安東尼上了一架雙翼飛機，他先示範飛行了十分鐘，降落前讓安東尼接著駕駛。安東尼降落時因動作出了差錯，造成汽化器走火，鞋子又著火了。收了他錢的艾比稱讚「伯爵少爺」膽子大，反應快。經過幾番顛簸，安東尼感覺自己和飛機快合為一體

了。

那一年的 8 月 6 日，安東尼熬出了頭，被調往法國屬地摩洛哥的空軍戰鬥基地，擔任下士飛行員。12 月 23 日，安東尼通過考試，成為正式飛行員，並被空軍送往軍官學校進修。第二年的 10 月 20 日，安東尼升為少尉，調往巴黎勒布爾熱機場，編入第三十四飛行大隊。他為自己感到高興：「坐上飛機可以逃離城市，逃離繁雜瑣事，接觸真實世界。」

安東尼覺得自己比美國第一位黑人飛行員碧茜 * 幸運多了。碧茜是美國人，在美國受種族歧視，就單身來法國，打工賺錢學習飛行。而他有媽媽撐腰，媽媽雖心裡反對他當飛行員，卻還是不間斷的寄錢給他，讓他真的像一個　「伯爵少

＊碧茜 (Brave Bessie)：美國人，生於 1893 年，從小幻想翱翔天空，會對著飛鳥呼喊：「嗨，你們，我也要上來呀！」她因是黑人，被美國飛行學校拒於門外，後去法國學會飛行，1922 年成為世界上第一位黑人飛行員。她告訴人們：「空中沒有障礙，沒有界限，有的是為每個人而設的空間。」

爺」，不住集體宿舍，單獨租公寓住，享受喝咖啡、洗熱水澡的特殊待遇。

誰料到第三年的 1 月，安東尼不巧因飛機墜落，跌破了頭，媽媽嚇壞了，反對他留在空軍，他只好去巴黎一家瓷磚製造廠當辦事員。

還好，這段日子不算長。安東尼身在工廠心在天上，媽媽拗不過，拜託敘杜爾神父將寶貝兒子介紹到拉泰科埃爾航空公司。1926 年 11 月，安東尼回到了飛行的崗位上，開始擔任全職的民航機駕駛員。接下來的五年裡，他一直在非洲與南美洲之間飛行，正式成為開拓航線的飛行員。

安東尼的進步，星星們全都看在眼裡：他先是成了正式飛行員，後來又成了全職的民航機駕駛員，再後來又成了開拓航線的飛行員。星星們越來越喜歡安東尼了。凡是勇敢的飛行員，像美國的第一位黑人飛行員碧茜，星星們都喜歡，可惜碧茜後來飛行失事犧牲了。

自從開闢了北非航線，寄信到法屬摩洛哥的

郵程，從一個星期縮短到三十個小時。可是，為拉泰科埃爾航空公司開拓北非、西非和南美航線是很危險的，那些舊式飛機上了天空，引擎隨時會失效，使飛機掉下來，陸續有一百二十名飛行員為此獻出了生命。儘管如此，喜歡冒險的安東尼還是照常工作，無論氣候多麼惡劣，或機械故障，運送郵件的任務從不中斷。

　　那個年代的飛機沒有自動導航系統，安東尼用大條橡皮筋緊緊綁住操縱桿。有時候，飛機開著開著發出了怪聲，甚至冒起煙來，安東尼根本不當回事，一邊悠閒自得畫他的漫畫，一邊對縮在一旁、嚇得臉色發白的無線電通訊員說：「別怕！開飛機不像開車，你的手不必碰駕駛盤，飛機照樣一直往前飛。飛機發出的各種聲音，都是

為了表達它的心情，興高采烈或者垂頭喪氣。只要你不嚇破膽，就沒事！」

　　安東尼第一次飛往非洲時，坐在沒有頂的機艙裡，還得伸出頭尋找地面的坐標。有一次，引擎故障，他不得不臨時迫降，用力在地上挖出一個坑，一手握著手槍，一手拿著子彈匣，匍匐在坑裡，守護所有的郵件，一夜又一夜的等候救援。又有一次，他不幸墜機，為了歸隊，在滂沱大雨裡，步行了九個小時。

　　這段日子裡，他只為孤單的媽媽擔憂。大姐瑪德蕾娜剛生病去世，二姐西蒙娜去了中南半島接受圖書管理工作，小妹佳布麗爾嫁到了地中海邊的阿蓋城堡。安東尼很想把媽媽接到身邊，媽媽倒是很堅強，她有戰地護士的執照，一直堅持在法國北部為傷患服務。

　　1928 年，安東尼調任為朱比角的基地經理。朱比角是整條航線的中途停靠站，地處摩洛哥南部，是撒哈拉沙漠的一角，離海很近。四周的居

民是游牧民族，稱為摩爾人，穿藍色的衣服，頭髮又長又捲。他們中有盜賊、土匪和騙子。摩爾人反對法國在西非地區擴張勢力，常和法軍過不去，有時會不客氣的將拉泰科埃爾航空公司的郵政飛機打下來。這顯然嚴重影響了郵遞航線的開拓，安東尼基地經理的職位一點都不好當。

朱比角這個航空站外表上一點也不好看，是一處用鐵絲網圍起幾幢破敗樓房的地方，加上一座陳舊的築有高牆的白色城堡。附近有一個簡陋的西班牙監獄，有士兵看守著。可笑的是，犯人和士兵都穿得很破爛，可想而知這塊地方是怎樣荒涼寂寞了。

安東尼和三個員工住在一個小屋裡。白天風沙很大，夜晚聽得到海水的拍打聲和海鳥的鳴叫聲。屋裡僅有一張木板床、一個破臉盆、一個水壺、一盞煤油燈、一架打字機和亂成一堆的紙片。為了提防摩爾人半夜上門搶劫，他們找來一根電線，一頭連著發電機，一頭連著門的把手，盜賊

闖進門來就會觸電。

　　每天早上，安東尼的第一件事就是逐一將航空站的飛機發動起來，一架一架開上天去兜幾圈。每個星期，來來往往運送郵件的專機，會來這個航空站停留兩次。有時候，安東尼也會開著飛機出勤，親自運送郵件到目的地。閒下來的時間，安東尼就找來兩只空的汽油桶，架上一塊破木板當成桌子，在煤油燈下讀哲學和機械方面的書，畫漫畫，寫他的小說《南線郵航》。

　　安東尼不想讓日子過得太寂寞，他和三個員工大聲說笑，玩猜字遊戲，變撲克牌魔術。他還養了一隻猴子、一隻狗、一隻貓、一隻土狼、一隻變色龍和一隻沙漠狐狸。猴子和貓常常瘋鬧，狗和土狼常常瘋叫，變色龍很安定，沙漠狐狸的脾氣最壞。

　　安東尼的人緣很好，他和監獄裡的士兵交上了朋友，一起下棋玩牌。他還送餅乾和巧克力給當地摩爾人的孩子，藉此機會到摩爾人家裡學阿

拉伯語，還邀請摩爾人上他的飛機去兜風。就這樣，他和摩爾人也交上了朋友。有時候，他深入沙漠尋找失蹤的飛行員，那些摩爾人擔心他的安全，還會一路護送他。

這一年6月一個漆黑的夜裡，拉泰科埃爾航空公司的一架新型飛機，降落在朱比角航空站。那架飛機是由資深飛行員雷恩和公司無線電部門的主任瑟爾駕駛的，機艙裡還坐著一個神氣活現的督察。督察是來視察西非基地的，他大搖大擺的占著安東尼的床鋪睡覺，卻命令雷恩和瑟爾繼續向南進行夜間飛行試驗，考察新型飛機的性能。

第二天，沒有收到那架飛機的任何訊息，推測是連人帶飛機被土匪綁架了。安東尼氣憤的趕走了

還在酣睡的督察，叫了幾個信得過的摩爾人和另外兩個飛行員組成一隊，沿著沙漠海岸線一路尋找。他們三架飛機進了土匪盤踞的地區，因為那架失蹤的飛機沒有無線電設備，一直聯繫不上。傍晚時分，他們降落在一個土丘上。

這個土丘其實是遠古時代的貝殼堆積而成的，想來這兒曾是一片汪洋大海。沙漠的風很厲害，他們用幾個空木箱搭起了一個掩蔽所，腳踏著一大堆黑不溜丟的石頭，對著神祕深邃的星空大聲唱起〈我們的天空〉那首歌。周圍滿是黑色石頭，推測那是千萬年前的太空隕石。第二天，安東尼留下兩個飛行員看守飛機，帶著摩爾人去找當地部落的酋長。酋長聽過安東尼的大名，就陪著他們去和土匪們談判。費了很長時間，雷恩和瑟爾連同他們的飛機，才獲得釋放。

這一年的 7 月 18 日，拉泰科埃爾航空公司的一架飛機因引擎故障，被迫降落在朱比角南邊三十公里的荒野，那兒常有土匪出沒。十五個摩爾

人全副武裝，跟著安東尼出發，他們出動了六匹馬，兩頭驢子，兩頭駱駝，拉著一輛臨時改裝的大車。

途中，果然遇到土匪偷襲，十五個摩爾人嚇得趴在地上。子彈嗖嗖飛過，安東尼毫不理會，只是打個手勢讓牲畜們就地臥倒，那些牲口好像明白安東尼的心意，全都乖乖躺下。兩頭長耳朵長臉的驢子還咧嘴「嘿嘿」笑著，像是表示：「只要你不怕，我們也不怕！」安東尼樂了，大聲唱起〈我們的天空〉那首歌。土匪們遠遠看著，不敢妄動，被安東尼的氣勢嚇跑了。

傍晚時分，安東尼帶著摩爾人找到了那架飛機，大伙齊心協力開出一條九十公尺長的跑道，順利將飛機運載回來。從此，當

地的摩爾人都服了安東尼，稱他為「沙漠王爺」。

同樣的，安東尼也愛上了野馬一般不受約束的摩爾人，愛上了腳下的黃沙、撲面的強風和頭頂的星辰。五年後，當他離開撒哈拉沙漠的時候，心情就像當年離開聖莫里斯城堡，辛酸難過，依依不捨。聖莫里斯城堡的星空啟發他浪漫的想像，撒哈拉沙漠的星空激發他悲壯的豪情。他選擇了天空，天空也接納了他。

星星們為安東尼自豪，覺得安東尼離它們越來越近了。可是，星星們萬萬沒有想到，他會在四十四歲那年，在天空的懷抱裡走完最後的旅程。

直到許多年後，星星們才又見到了安東尼，那是被命名為「安東尼·聖修伯里」的一顆小行星，編號 2578。從此，安東尼列入了星星們的隊伍，永遠在天空閃亮。

06

飛行歲月

　　聽到遠方的風傳來的消息，非洲黑人默罕默德的心隨著天邊的夕陽一起跌落。「天啊，我的恩人失蹤了！我再也不能報答安東尼了！」

　　默罕默德生活在摩洛哥一個叫巴拉基的小地方，是個趕牲口的，有妻子和三個小孩，還有一棟粉紅色的屋子。有一天，他被壞人綁架，賣到南方，成了摩爾人的奴隸。他在朱比角做苦力的日子裡，遇到了調到航空站擔任經理的安東尼。他看出這經理是個好人，就三天兩頭來航空站訴苦，懇求將他藏進飛機，送他回家。安東尼同情這個黑奴的遭遇，設法籌了一大筆錢，讓他在五十歲那年恢復了自由之身。

　　默罕默德回家後，一直牽掛著安東尼。他打

聽到安東尼後來被調到布宜諾斯艾利斯，擔任拉泰科埃爾航空公司派駐阿根廷的運輸經理，並負責開拓通往巴塔哥尼亞的航線。

一次從布宜諾斯艾利斯飛往巴塔哥尼亞的途中，安東尼發現南美洲的阿根廷大草原和非洲的撒哈拉沙漠有點相像。中途補充燃料時，他看到了飛翔的火鶴，在停靠的第二站又看到了大西洋海灘上的海豹。從小喜歡動物的安東尼，居然帶了一隻海豹回布宜諾斯艾利斯。

安東尼在非洲時天不怕地不怕，被稱為「沙漠王爺」，到了南美洲還是老脾氣沒改，這自然讓默罕默德感到自豪。

新航線氣象惡劣，有一次撞上了龍捲風，安東尼的飛機差一點被捲走，在空中連翻幾個筋斗，才回到基地。那次，安東尼動用一百

多人才把嚴重損壞的飛機拉進機棚。

　　另一次，在烏拉圭機場的跑道上滑行時，機翼碰到了鐵絲網，機身失去平衡撞上地面，一個鉚釘脫落了，安東尼找來技工銲接。飛機再次起飛，誰知機身又發出了怪聲，安東尼不當回事，照樣開。飛機降落布宜諾斯艾利斯後，縮在機艙裡的無線電通訊員，還是不停發抖，他再也不敢上安東尼的飛機了。

　　還有一次尷尬的經歷。九位話劇演員乘上安東尼的飛機，去布宜諾斯艾利斯演出。一路上有說有笑，安東尼想起了幼年跟兩個姐姐自編自演小話劇的情景。誰知途中遇上暴風雨，迫降在小村莊。天黑了，演員們凍得受不了，冒雨奔進農民家裡過夜。半夜裡，暴風雨停了，安東尼挨家挨

戶將演員叫醒，演員們淋溼的衣服還沒乾，穿著鄉下人的衣服匆匆上路。飛到了布宜諾斯艾利斯，還是遲了一步，安東尼挨了劇場經理一頓臭罵。

默罕默德雖然只坐過一次飛機，但他明白飛行歲月隱藏著數不清的危險，他一直替恩人擔驚受怕。

1935 年，安東尼經歷了一次嚴重的人生考驗。他選定 12 月 29 日試飛巴黎到西貢的航線，夢想打破長途飛行紀錄。為了遠程飛行需要多載一些燃油，他起飛前拆掉了無線電設備，以致後來無法聽到氣象報告。

起飛後不久油箱漏油，他趕緊降落，請技工修理。再次升空後，氣象突變，順風變成了逆風，加上濃霧，他誤判了飛行高度和飛行方位。一系列的錯誤，導致 12 月 30 日早上四點的一聲巨響，低空飛行的飛機在撒哈拉沙漠撞上了山崖，右機翼折斷，備用水箱破裂。

可憐的安東尼和機械師普列夫，在破碎的機艙裡只找到一個橘子、一瓶水和一瓶葡萄酒。他們走了很長一段路，爬上沙丘張望，發現方向不對，又往回走。兩人又渴又餓，還看到海市蜃樓，以為希望在前，走呀走呀，其實在原地轉了一大圈，這就是俗話說的遇上了「鬼打牆」。他們只得返回飛機，巴望趕來營救的飛行員會發現飛機的紅白標誌。抬頭盼到天黑，脖子痠了也不見有飛機來。兩人將斷裂的機翼拖到坑裡，澆上汽油，點火求救。火熄滅了，最後的一絲希望也熄滅了。

他倆不甘心，安東尼讓普列夫留守等待救援，而他獨自去尋出路。走了很遠，因為口渴不禁胡思亂想起來：「普列夫會不會失去信心，長睡不醒了？普列夫會不會被駱駝商隊發現了？」於是，他又原路返回，普列夫正燃起一堆火，苦苦守候著。眼前最急需的是水，他們用石頭將降落傘壓在地上，在星空下等待早晨的露珠附在上面。他們做了許多傻事，唯有這件事做對了，收

集了救命的水，又有力氣
上路了。

　　走著走著，眼前
的景物有了變化，出
現植物的影子了。更
令他們驚喜的，沙地上
出現了人的腳印和駱駝留
下的痕跡。終於，一個阿拉伯人從沙丘後面走了
出來，背對著他們，他們用力喊叫，可是聲音太
弱，對方聽不見。他們試著奔向他，可是腳使不
出力。幸好那個阿拉伯人轉過身來看見了他們，
五天五夜為了求生，走了兩百公里路，真是奇蹟！

　　阿拉伯人送上幾顆扁豆和一碗水，將他倆抱
上駱駝的背，他倆沒有力氣坐穩，從駱駝背上滑
了下來。安東尼掏出飛行地圖，喘著氣在背面寫
下一行字：「請儘量多給來人賞錢，再請開車來救
我！」好心的牧民找來司機，司機開了六個小時
的車，將他倆送到開羅。

　　1937 年，安東尼主動要求開拓卡薩布蘭卡到通布圖的航線。這條航線橫跨沙漠，航程有九千公里。他的請求被批准了，安東尼欣喜萬分的在飛行途中將一頭小獅子綁在副駕駛座上。小獅子不斷吼叫，張牙舞爪。他為了制止這頭野獸的瘋狂行為，手臂和手掌都被抓傷了，最後使出倒著飛的絕招，將小獅子撞得昏睡過去，才能安全的飛行。

　　1938 年 2 月，安東尼又申請開拓紐約到巴塔哥尼亞的航線。這條航線更長，長達一萬四千公里。2 月 15 日早上 6:30，安東尼從紐約起飛。中午在瓜地馬拉加油時，加油站工人加了過多的油，導致飛機超重。安東尼起飛升空後，飛機垂直摔下。這次事故，造成安東尼右手骨折，左手重傷，從此喪失掌控降落傘的能力。醫生原本決定截去安東尼的左手，幸好妻子康素羅及時趕來，拒絕截肢的手術，才保住了安東尼的左手。

　　安東尼這次墜機的消息，後來傳到了默罕默

德的耳裡，默罕默德真怨恨自己沒趕得上去醫院探望恩人。不過，第二年，他又為恩人自豪，因為安東尼上了前線。

1939 年 9 月，第二次世界大戰爆發，安東尼奉命前往圖羅茲空軍基地報到。他對自己說：「從今天起，你就是一名空軍上尉，成了一名戰士！你一定要當戰鬥機飛行員，把侵犯法國的敵機打個倒栽蔥！」可是，安東尼因多次負傷，體格檢查亮起了紅燈，不能當戰鬥機飛行員，也不能當轟炸機飛行員，只能當偵察機飛行員。他雖然有點失望，但想到也能上炮火紛飛的前線，也能為國立功，就滿心喜歡的去和他的偵察機見面了。

12 月 3 日，安東尼加入空軍偵察大隊，他放棄上尉軍官享有的特權，去集體宿舍和年輕的飛行員們同住。執行第一次任務的偵察機被敵機擊

落。安東尼找出原因，正是因為偵察機速度太慢，於是他提議，將速度較快的戰鬥機改裝成偵察機。這年冬天，一批由戰鬥機改裝的偵察機分配到基地。新飛機的儀表板上有一百個不同的按鈕，時速四百公里，超越德國戰鬥機。飛行員們歡呼起來，稱安東尼老大哥有功。想當初，安東尼在非洲和南美洲開的飛機，儀表板才只有兩個按鈕而已呢。

1940 年 5 月，基地派出兩架飛機去阿拉斯城偵察，都被敵方擊落。盟軍高層正在尋找德軍防線的漏洞，急需阿拉斯城的情報。安東尼自告奮勇前往執行任務，為了獲取確切的情報，冒險超低空飛行，連敵方陣地的士兵都有可能用來福槍射中他。完成任務後，他的機艙被擊中，安東尼卻仍排除萬難返回基地。

這一年，安東尼執行了七次空中偵察任務，獲頒戰鬥獎章。年底，安東尼去坎城附近的卡布里小鎮探望母親，這是母子倆的最後一次見面。

兒子覺得母親是一個完美的女人，上帝聽得見她的聲音，而他自己總是找不到這樣一位上帝。母親則認為兒子既然選擇了天空，就讓他去天際遨遊吧，他離萬能的上帝一定很近。

1943 年 4 月 10 日，安東尼告別妻子康素羅，去北非向法國空軍報到，接受七個星期的閃電機特訓課程。7 月 21 日，安東尼駕著閃電機直衝天空，在一萬公尺的高空，時速能達到六百三十五公里，飛行六個小時，顯然比駕駛布洛克 174 型飛機更冒險、更刺激。一般來說，駕駛閃電機的飛行員，年齡限制在三十五歲，而安東尼那一年已四十三歲。

默罕默德四處打聽，得知恩人又來到非洲，心情特別激動，但因為戰爭，沒法相見，只能默默為恩人禱告。他看到天空飛過飛機，就會失神：「恩人會不會就在這一架飛機上，他會看見我嗎？求老天保佑他吧，我可不能失去他！」

從 1939 年 12 月到 1940 年 7 月，安東尼一直在空軍的偵察部門服役。1943 年 4 月，他又繼續為空軍的偵察部門效力，每一次執行任務，就意味著在高空長時間飛行，因氣溫、氣壓的變化，安東尼的舊傷和脊椎風溼痛時常反覆發作，但他咬牙忍受疼痛，用生命和鮮血譜寫勝利的歌，一直到 1944 年 7 月 31 日時間老人為之嘆息的那個日子。

天邊的太陽已跌落到地平線下，默罕默德深深吸了口氣，將下沉的心提了上來。他將認識恩人的所有日子梳理了一下，給他印象最深的，是周圍的人都叫他「巴克」，唯有安東尼叫他「默罕默德」。在非洲，所有的黑奴都被人喚作「巴克」，安東尼堅持叫他的真實姓名，是為了鼓起他的信心：「你是有姓名的人！」

默罕默德想到這裡，一下子明白過來：勇敢的活過每一天，就是對恩人最好的報答！

　　為安東尼失蹤而心情跌落的人們之中，還有一個安東尼不認識，也沒見過的人——鮑爾，他是安東尼好友吉約梅的一位親戚。

　　橢圓臉的安東尼不主動結交朋友，也不輕易信賴他人，甚至還有點靦腆，他的知己是圓圓臉的吉約梅。

　　吉約梅也是一名飛行員，比安東尼小兩歲，老家在香檳區的比瓦村，法國盛產葡萄酒的地方。他出身平民家庭，爸爸是送牛奶的工人。跟安東尼一樣，吉約梅的家也靠近機場。上飛機兜風的年紀也差不多，安東尼是十二歲，吉約梅是十四歲。比安東尼幸運的是，吉約梅十八歲考進飛行學校，畢業後加入空軍，在三千公里飛行競

賽中贏得第一名。

　　兩個人長大後進了同一家航空公司。當時不打仗，吉約梅覺得待在空軍沒事幹，經人介紹進了拉泰科埃爾航空公司。他開闢塞內加爾航線時，安東尼才來公司上班。所以，吉約梅的年齡雖比安東尼小，資格卻老得多，可以當安東尼的老師。

　　安東尼第一次駕駛郵政飛機的前一夜，心跳得很厲害，因為聽說去的地方缺少緊急降落的機場，又沒有無線電設備，很可能會遇到麻煩。他趕緊多找了幾份航空地圖，攤開一看，又看不出名堂。吉約梅見他急了，就幫他上了一堂地理課：先用色筆在地圖上畫出明天的航行路線，再用十字標出沿線的河流和牧場的位置，再三警告安東尼，如果緊急降落，千萬避開河流和牧場，那裡就像陷阱一樣。

　　吉約梅又畫了三個小圓圈，說：「那是三棵樹，在月光下，它們會是你的航標，天色昏暗時，

它們卻會變成地雷，你要小心哪！」安東尼越聽越怕，吉約梅拍拍他的肩膀，笑著說：「怕什麼？我都幫你畫在地圖上了，你會很安全的。」接著，又用色筆標出牧羊人的位置，提醒安東尼，萬一遇難可向這位好心人求救。安東尼聽了，連聲稱謝。

幾天後，安東尼搭乘別人的飛機跟著運送郵件，吉約梅開另一架飛機護航。飛行途中，安東尼乘坐的飛機發生故障，那位飛行員只得緊急降落。吉約梅幫忙將一部分的郵件搬到自己的飛機上，讓安東尼留下看守飛機和剩下的郵件。臨行

前，吉約梅將自己的手槍和子彈匣給了安東尼，還為他在沙丘上挖了一個掩護的坑。其實，這個地區很安全，吉約梅之所以讓安東尼留下，給他手槍和子彈，是為了給新戰友鍛鍊的機會，讓他長見識，受考驗。

兩人從此結下友誼，在北非和南美共事多年，在別人的眼裡，他倆就像是一對親兄弟。安東尼在朱比角航空站當經理時，吉約梅的飛機總是在他那兒加油、過夜，兩人在煤油燈下玩猜字遊戲，吉約梅還會提醒安東尼，飛行過程中應注意的事項，譬如怎樣識別夜霧裡的山影。

遇到休假日，兩人結伴考察沙漠。沙漠除了黃沙，就是沙堆，偶爾會有駱駝迎面走來，或是羚羊飛奔而過。那些沙堆是怎麼形成的呢？就像秋天裡的風會把公園裡的落葉吹得堆了起來，沙漠裡的強風會把沙吹得堆了起來，有一百公尺高，都是圓圓的，在沙堆群裡很容易迷路。他倆一起測量、描繪沙漠地圖，方便在空中就能了解

地面上的地形、地貌，減少飛行事故的發生。

　　沿路會遇到當地的摩爾人，他們皮膚粗糙，穿著很髒的衣服，鞋子也是破的，渾身塵土，一年裡難得洗一次澡，所謂洗澡也只是用一塊石頭片不斷刮自己的身體。注重個人衛生，出身貴族的安東尼，見了摩爾人就離得遠遠的。可是吉約梅一點都不嫌棄摩爾人，反而主動接近他們。受了吉約梅的影響，安東尼縮短和摩爾人的距離，甚至和不少摩爾人交了朋友，他們後來死心塌地服從他，替他做事。

　　海潮退了，兩個好朋友會去捕捉紅色的螃蟹、花斑的鰻魚，採集海帶、淡菜。漲潮了，他倆就退回沙漠，張開雙臂，面對驚濤拍岸的大海高唱〈我們的天空〉這首歌。

　　在安東尼的心裡，吉約梅是空中英雄。他開的是波泰25型開放式雙翼飛機，結構十分堅固，遇上寒流，即使整個外殼結了一層冰，也能穿越雲層。他的飛行技術十分高超，遇上空氣漩渦，

即使整個飛機翻了一個身，也能倒立著飛。要是吉約梅找到目標，就會以垂直下降的姿勢，全速俯衝下去。所以，安東尼誇他是「飛行老手」。

說來奇怪，安東尼和吉約梅的友誼，鮑爾不是從吉約梅的嘴裡知道的，而是從安東尼寫的書裡了解的。甚至吉約梅生死關頭的經歷，包括那些感人的細節，也披露在安東尼的筆下。

那個年代，導航儀器、通訊設備、安全設施都不夠理想，飛行員的生涯總是隱藏著危險，而且是難以避免的。即使優秀的飛行員，也會遇到這一天。

這一天終於來臨，1930 年 6 月 12 日星期四，厚重的雲層壓得很低，陽光顯得十分微弱，空氣裡有隱約的躁動。吉約梅從聖地牙哥起飛，開始第九十二次飛越海拔七千公尺的安地斯山脈的航程。他很有經驗，每次都依靠氣流讓飛機飛越高山。然而，這一天遇上了大風雪。再堅固的飛機，再高超的技術，也敵不過大自然的力量。起飛七

十分鐘後，吉約梅只得小心翼翼的按原路返回。

第二天是西方人最忌諱的 13 日星期五。早上八點鐘，不甘心的吉約梅再次出發，航道仍然被厚重的雪層擋住。他搏鬥了三個半小時，飛機劇烈晃動，肩膀被座椅上的安全帶割傷，最後汽油耗盡，迫降在鑽石湖畔。

那天，湖面結了一層厚冰，飛機降落時，吉約梅感到一陣震動，原來是機輪觸及異物，整個飛機翻了過來，螺旋槳也報廢了。此時，大風雪絲毫沒有停歇，吉約梅用降落傘裹住自己，在機艙裡熬過三十八個小時。15 日凌晨兩點，風不再呼嘯，雪也停了，湖面上寂靜無聲。

吉約梅爬出飛機，躺在一望無際的雪地裡，他明白，自救的辦法只有一個，就是徒步翻越海拔四千多公尺的高山。遺憾的是，他沒

有任何登山經驗。上午十點鐘，他將手電筒、小羅盤、小火爐、煉乳、幾個罐頭和一小瓶甜酒塞進了手提箱，上路前，用尖銳的

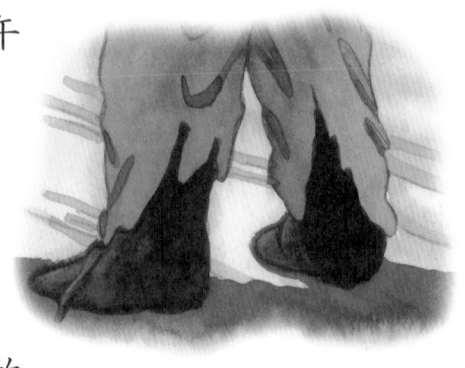

石塊在機身上刮出一行字：「一個小時前，有一架飛機在我頭頂盤旋，沒有發現我。親愛的妻子，我想念妳，我會往東前行，妳等著我。吉約梅。」

　　在零下 20℃ 的嚴寒裡，在三公尺深的積雪裡，他艱難的邁步向前，餓了就吃煉乳，渴了就喝雪水，累了就歇口氣。晚上也不敢睡，怕睡夢裡凍死，硬是拿著手電筒，憑著夜空的大熊星座辨認方向，繼續往前趕路。手提箱裡的罐頭食品也凍得像石頭，沒法咬。衣服被厚重的積雪浸溼，手套被嗚咽的大風捲走，腳踝被尖利的冰塊磕破。雙腳凍得紅腫，鞋子穿不上，只得把鞋後跟割開一點。

　　山陡路滑，他常常滾下山坡，又掙扎著往上爬。為了減輕負重，他連外套都丟棄了。有一次，他滑下峽谷，手電筒和食物都不見了。還有一次，他差點被河水沖走。有時，他會聽到火車的隆隆聲和公雞的喔喔聲，那是他體力難以支撐時出現的幻覺。有時，他會看到海市蜃樓，以為前方就是能提供溫飽的村莊。

　　天色晚了，落日將靜得可怕的荒漠染上了血的顏色。吉約梅隨身帶了三張妻子的照片，實在感到絕望了，就掏出照片看，妻子的眼睛也看著他，像是對他說：「為了我，你要活下去，絕對不可以放棄生命！」他抬起頭，瞥見夜空有一顆流星劃過，心裡有一種說不出的感受，咬咬牙站直了，挪動步子繼續往前。

　　最後一天，又凍又餓，他終於又倒下了，只要垂下眼皮，就再也不會受苦了。忽然，他擔心自己的屍體會被春天的雪水沖到山溝裡，保險公司不見屍體是不賠錢的。為了讓妻子早日拿到保

險金，他不知哪兒來的力氣，重新又站了起來，拼命挪動身體，一寸一寸的挪動，儘量讓自己貼緊那塊屹立的山石，以便讓人找到他的屍體。

想不到一站起來，他就又繼續走了下去。就這樣，憑著難以想像的超級毅力，吉約梅在荒漠裡連續走了五天的路。而此時，安東尼正駕著飛機低空盤旋，一路尋找他最親密的朋友。在失事現場的上空，他只看到編號 1552 的波泰 25 型飛機的殘骸和遺落一地的郵件。他忘了飢餓，忘了寒冷，忘了世上的一切，駕著自己的飛機，一圈圈的低空搜尋著吉約梅的身影。

6 月 19 日星期四，一個騎著馬的農婦在斜坡上看見遠處躺著一個人，他就是吉約梅，已經奄奄一息，說不出話來。好心的農婦請人用汽車護送吉約梅回基地。途中，吉約梅看到公路邊停著一架飛機，駕駛座上坐著安東尼。兩個好朋友抱頭大哭。吉約梅的喉嚨哽住了，斷斷續續對安東尼說：「你是第一個來迎接我的飛行員，感謝上

帝！」歇了一刻，又說：「我發誓，我這五天的歷程，絕不是任何人或野獸能忍得住的！」

此後幾天，吉約梅晚上常被噩夢驚醒。安東尼每天晚上都去看望好友，有時見他睡著，就在他床邊守著。有時候，他守著守著，就睡在沙發上了。有一天晚上，他帶著倦意告別吉約梅夫婦，乘電梯下樓，結果就縮在電梯角落裡睡著了。

1939 年 7 月 14 日，吉約梅駕駛水上飛機，用二十八小時直航飛越大西洋，打破飛行紀錄，實現了他的願望。這個月的 28 日至 29 日晚間，安東尼搭乘諾曼第號輪船，回紐約宣傳他的作品《風沙星辰》，吉約梅駕著一架法國航空公司的水上飛機，在一旁陪伴著飛行，他倆通過無線電互送訊號致意。這是兩位好朋友最後的聯繫。

1940 年，法國投降五個月後，11 月 27 日，吉約梅駕駛一架運輸機飛越地中海上空時，不幸被義大利戰鬥機擊落，墜海喪生。當時，義大利和英國在海上開戰，義大利戰鬥機誤以為吉約梅

的飛機是英國飛機。

1940 年 12 月 1
日，安東尼聽到噩
耗，淚如雨下。他
痛苦的說：「交往了
那麼多年，知道吉約
梅意外身亡的消息，我
的心情非常沉重，感到自

己也好像死了。我不是在抱怨，我只是不知道該
如何為死者惋惜。從今以後，我沒有任何朋友了。
我想，我會痛苦好幾個月。因為我時刻需要他的
友情。他像燈火散發出光芒，照亮周圍的人，可
惜，這光芒從此熄滅了。」

　　鮑爾從安東尼的書裡讀到了吉約梅的事跡，
字裡行間不只一處留下吉約梅的警句和身影。安
東尼一直紀念這位知己，也希望他的讀者紀念這
位優秀的飛行員。作為吉約梅的親戚，鮑爾非常
感謝安東尼。

當年空中郵局非洲至南美航線的飛行員，最後還活著的，就剩下安東尼一個人了。

「當初南美洲的同事也一個不剩的離開了人世，眼前究竟還有誰能和我一起回憶往事？」安東尼想到這裡，忍不住算了一下，原先和他一起飛行的三十二位戰友，竟有十七位先後英勇犧牲了。少年時代發現他寫作天分的洛奈神父，和青年時代幫助他進入拉泰科埃爾航空公司的敘杜爾神父，也相繼去世了。和自己有著血脈之情的父親、弟弟和兩個姐姐，都一個個離開了這個世界。

最後陪伴他的，只有妻子、媽媽和妹妹了，

多麼悲哀啊！對於命運的多變及不可猜測，四十歲的安東尼感到迷惑和悲傷，從此，憂鬱襲上心頭，他很少再露出笑容，性格也有些變了。

遠方的風一陣陣吹過，吹散了鮑爾眼角的淚。他將安東尼寫的書揣在胸口，一步步來到吉約梅的墓前，屈下身子撫摸著青白色的墓碑，輕輕的說：「你知道嗎？你走了四年後，安東尼遇到了和你一樣的命運。」

作家夢

　　風伯伯嘆著氣，一路跌跌撞撞，傳送那沉重的消息。滿天空的雲朵承受著憂慮，滿世界的細雨訴說著思念：「親愛的安東尼，你去了哪裡？」

　　山谷裡，響起一個稚嫩的聲音：「風伯伯，您別苦著臉，誰說安東尼失蹤了？我還和他約定後天去小行星 B612 號呢，那是我的老家。」這是一個可愛的男孩，一頭金髮，追在風伯伯身後，綻開笑臉：「您不認識我嗎？我是小王子，我在撒哈拉沙漠遇見了安東尼，他飛行時遇到故障降落在那裡。他見到我後，替我畫了一隻綿羊，後來還替我寫了一本書，那就是《小王子》，他最後出版也是最出名的一本書。」說到這裡，小王子笑了，笑聲清脆而動聽。

　　小王子絮絮不休說著：

　　「我把自己的故事告訴安東尼，我住的星球上只有三個齊膝蓋高的火山、幾棵猴麵包樹和一朵美麗而驕傲的玫瑰。有一天，我和心愛的玫瑰鬧彆扭，就跟著野鳥出走了。一路上，我訪問一個又一個小星球，遇上了國王、愛虛榮的人、酒鬼、商人、點燈人和地理學家。

　　「安東尼也把他的故事告訴我，他六歲開始寫詩，從小養成一個好習慣：將一閃而過的念頭寫在紙片上，再放進一個小盒子。他常常在大清早將姐姐、弟弟和妹妹叫到媽媽的房裡，打開小盒子，將寫在紙片上的詩歌或故事念給大家聽。有一次，安東尼將紙片上寫下的段落拼成小話劇《電話》，帶著姐姐、弟弟和妹妹演一個外出打工的人擔心家裡出事，打電話回家，卻聽到家裡有強盜在叫罵、家人在呼救。

　　「安東尼在學校裡最喜歡上作文課，他的作文是全班寫得最好的，學校裡的洛奈神父常常把

他的作文念給大家聽。其中有一篇是〈螞蟻的喪禮〉，寫螞蟻的送葬隊伍被一滴水珠擋住，一隻聰明的工蟻用一根草搭成橋，讓隊伍通過。還有一篇是〈帽子的故事〉，寫一頂禮帽流落非洲，驚險曲折的遭遇。」

可是，風伯伯急著趕路，哪有時間聽小王子講故事，一個轉身就消失了。小王子原本想告訴風伯伯，自己和安東尼常常在城市和村鎮的上空飛過，累了就在高聳的教堂尖頂歇息，可惜人們看不見他倆。他還想給風伯伯講那頂禮帽的故事，還想告訴風伯伯，安東尼除了寫書，還有別的創造發明呢。可惜風伯伯等不及了，小王子只能嚥下所有的話，學著風伯伯的樣子嘆了口氣。

〈帽子的故事〉真的很有趣：巴黎的店鋪裡有一頂光鮮的

禮帽，走過的人都忍不住看它一眼。後來，這頂禮帽被一位富翁買下。富翁的僕人小心服侍禮帽，每天晚上擦一遍，第二天早上再擦一遍，禮帽的日子過得舒服極了。再後來，禮帽被富翁送給了當新郎的馬車夫，可是馬車夫一點也不愛惜，颱風下雨都戴著，掉在泥漿裡也不擦洗乾淨。有一天，馬車夫嫌禮帽舊了，賣給了舊衣鋪，舊衣鋪老闆用一條髒繩子把禮帽吊在櫥窗裡。

再後來，禮帽被一對年輕夫婦買去，又過上了好日子。可是，這對夫婦在塞納河邊散步時，禮帽被一陣大風吹落河裡不見了。禮帽飄到河邊，被人撿起，經過修補，壓得扁扁的寄往非洲。最後，禮帽被非洲最有權力的酋長戴在頭上，從此又過著風光的日子。

安東尼寫這個故事時，剛滿十四歲。這篇作文為安東尼贏得了期末獎金。

很可惜，洛奈神父沒看到這位學生成年後寫的那些書，安東尼寫的《夜航》和《風沙星辰》

的幾個片段還出現在法國中小學的教科書上呢。

安東尼還編過一份班報，可惜出了一期就被校監禁止，還被留校處罰幾個小時。

成年後，安東尼一直沒有放棄寫作，平時連寫信也當作寫作練習。他給家人和朋友寫了數百封信，用不同的語氣，給不同的人寫信，有時還會塗抹幾筆，畫上一個有趣的小人兒。他喜歡在晚上寫作，先準備幾杯又濃又黑的咖啡，寫幾個小時都不覺得疲倦，白天醒來才發現自己趴在桌上。他曾對朋友這樣形容自己：「一旦動筆寫書，我整個人就像著了魔。寫的過程裡，我覺得自己的作品是最棒的；寫完後，又覺得自己的作品拿不出手。」

不論白天或晚上，他都會給家人或朋友通電話，硬逼著討論他的作品。靈感來時，他隨意拿起一張紙寫個不停，甚至會寫在裁縫店給的帳單上。他對自己的作品要求很嚴格，有時候修改稿件像玩命似的，會改上三十幾遍才罷休。完稿的

字數常常只有初稿的 1/3，他寫的小說《夜航》，初稿有四百多頁，完稿只有一百多頁。

第二次世界大戰前，安東尼出版了《南線郵航》、《夜航》和《風沙星辰》這三本書，寫的都是從 1926 年至 1932 年在北非、南美駕駛郵政飛機途中發生的故事。

安東尼說過：「飛行或寫作，對我來說，都是同一件事。」他覺得寫作和飛行一樣，充滿了誘惑和神祕。他的作品都取材於自己的飛行生活，他的寫作離不開飛行。他能飛行到一萬公尺的高空，而他寫作所表現的，遠遠超過一萬公尺。他表示：「如果我每天都能寫作，我會很高興，因為通過寫作，有些東西可以留下來。」他曾在信裡告訴媽媽：「我可以寫，我也有時間，但是我還不知道該怎麼寫，我的書在我腦子裡還沒有醞釀成熟，一本給人止渴的書。」

小王子說得沒錯，安東尼除了寫書，還有別的成就。他曾在海軍空中導航學校進修高等數學

和星象觀測，學習期間不斷改進導航工具，有不少發明與創造，後來還得到了專利。安東尼一生中申請了十三項專利，包括飛行器降落系統、安全系統、導航設備、助航儀器和火箭推進器等。

安東尼最喜歡他的飛機，小王子也承認飛機是天空最有魔力的玩意兒，那儀表板上的速度表、高度表、油壓表和引擎轉速表就夠他看得眼花撩亂了。可是安東尼在雲層裡穿行時，壓根兒不往那些儀表瞄一眼，小王子特別敬佩。

當然，小王子最自豪的，是以他為主角的童話《小王子》。安東尼寫這本書時正流亡美國，他既想陪伴聚少離多的妻子，又想重返戰場為國效命，這種矛盾心理也反映在作品裡，全書透露了對人生的深刻思考。誰也沒想到，這竟是一部不朽之作，留給後世的影響最大。

安東尼怎麼會想起寫童話呢？1935 年，火車哐噹哐噹，安東尼的座位對面是一個可愛的小男孩，小男孩睡夢裡甜美的臉蛋，觸動了安東尼的心靈：原來，每一個孩子都應該是傳奇中的小王子！而那年年底，安東尼在撒哈拉沙漠迷失方向，徒步三天三夜。這同一年裡發生的兩件事，促成七年後童話《小王子》的誕生。

1941 年，美國的一家餐廳裡，一位出版商看到安東尼在餐巾紙上隨手畫下一個小王子，大感興趣，建議他寫一本童話書，並表示願意趕在 1942 年聖誕節出版。

其實，「小王子」很早就出現在安東尼給家人和朋友信中的插圖裡。安東尼常在酒吧、咖啡館和餐館的餐巾紙上，信手塗抹「小王子」，他的「小王子」有時站在花叢間，有時站在山頂上，有

時站在雲端裡。吉約梅從安地斯山歷險歸來，安東尼也畫了一個「小王子」送給他。

紐約的一位女記者鼓勵安東尼自己動筆為《小王子》畫插圖，安東尼聽了很動心，就不再另找畫家畫插圖。後來，為了表示感謝，他還將《小王子》的原稿送給了這位女記者。如今，這份珍貴的原稿保存在紐約的摩根圖書館。

《小王子》一書裡，共有四十六張插圖。其中有一張插圖，小王子因為和心愛的玫瑰長久分離，而痛苦的俯身躺在地上，沒有學過素描的安東尼特別請朋友擺出姿勢，讓他繪畫時有一個參照。英語老師布雷上門在幫安東尼上課時，就見過房間裡的廢紙簍堆滿了丟棄的草圖。安東尼笑著告訴他，小時候畫過圖，但沒有人會注意，長大後也沒有受過繪畫訓練。

康素羅是一個畫家，《小王子》的每一張插圖，她都有建議和批評，安東尼很聽從她的指點。最初，出版商就是衝著別緻的插圖來的。所以，

康素羅是很有功勞的。

四十六張插圖固然可愛，而人們更被那童話故事感動：小王子闖入地球上的沙漠，遇上了蛇、狐狸、扳道工、商販和降落在沙漠裡的飛行員。小王子很後悔讓玫瑰獨自留在小星球經受風雨，他不斷向狐狸和飛行員訴說對玫瑰的思念。他心裡牽掛著鮮豔脆弱的玫瑰，很想回到曾朝夕相處的玫瑰身邊。

《小王子》的主題和安東尼其他作品相似，以友情、愛的承諾、對愛的忠貞和責任感為中心，充滿著詩意和哲理。

在書裡，安東尼所寫的都有所指，玫瑰暗喻著他的妻子康素羅；飛行員就是安東尼，而小王子是離開聖莫里斯城堡之前的安東尼；蛇，指野心家，蛇吞象，諷刺當時的希特勒；愛虛榮的人，代表當時的政客；留著白色鬍鬚的地理學家，有著安東尼祖父的影子。

在這本童話書裡，安東尼也隱約提到了聖莫

里斯城堡：「我小時候，住在一個古老的房子裡。傳說房子下面埋藏著寶藏，但是沒人能夠找到。整幢房子有著一種沒法形容的魅力，它一直是我心裡的祕密。」

在這本童話書裡，安東尼也提到了他待過許多年的沙漠：「我一直愛沙漠，坐在沙丘上，什麼也看不見，什麼也聽不見，可是一定有一種東西在寂靜中發出光來。」

小王子最後的結局是：「他的旁邊閃過一道

光，霎時他動也不動，沒有呼喊。他像一棵樹似的倒了下去，一點聲息也沒有。」安東尼這樣寫，也是預測著自己的命運。後來，他果真也是忽然失蹤，一點聲息也沒有。

1942 年，安東尼用三個月的時間寫成《小王子》，第二年出版。出版不久，出版商就通知他：「每星期銷售五百至一千冊，法文版售出七千冊，英文版售出三萬冊。」誰能想到，這本童話書至今已經翻譯成兩百多種語言，發行量難以估計，有數億冊之多，還灌成唱片，編成話劇、音樂劇，拍成電影。

安東尼離開人世後，朋友們整理他未完成的遺稿，出版了《要塞》。這最後一本書，純粹是安東尼追求理想和實現自我的過程裡爆發的靈感，也是他探索人生旅途的種種啟示。

至此，安東尼的一生似乎畫上了一個句號。他為飛行而生，為飛行而死，以飛行為終身的職業，以寫作為一生的夢想。他是第一個開闢將郵

件運送到高山、沙漠航線的飛行員，也是第一個從飛行挖掘人生、探索靈魂的作家。

除了《要塞》沒有親自寫完，我們的安東尼還有什麼事情沒有做完呢？

我們的安東尼睡著了呢，還是正和小王子一個星球追著一個星球瘋玩？我們的安東尼正開著飛機去開闢新航線呢，還是嘴裡銜著筆在想他的下一本新書？

我們不知道，真的不知道。

但我們知道，我們每一個都是小王子。因為，安東尼說過的：「每一個孩子，都應該是一個小王子。」

也許，我們也會成為一個飛行員，同時也是一個作家；也許，我們也會成為一個探險家，同時也是一個發明家；也許，我們也會成為一個詩人，同時也是一個哲學家；也許，我們也會成為一個戰士，同時也是一個英雄。

期待吧！快快長大吧！快快飛起來吧！

　　安東尼‧聖修伯里有著傳奇的一生，他是航空史和文學史上的領航人物。

　　作為法國早期飛行員，他是空運郵件到高山、沙漠的先鋒，又是第一個飛越大西洋開闢通往非洲航線的功臣。所以，他稱得上是最艱苦卓絕的飛行員。

　　作為反法西斯戰士，他多次負傷，超齡八年堅持執行空中偵察任務，以身殉職。所以，他又是最勇於犧牲的飛行員。

　　對他來說，寫作和飛行是同一件事，他的所有文字來自他的飛行歲月。所以，他是藍天白雲的飛行者，也是藍天白雲的耕耘者。他的作品中，《小王子》是天才之作，傳世之作。

　　《小王子》貼近每個人的心靈，每個人的心裡藏著一個孤獨的小王子，每個人都可從自己的

角度來領會這本書的真意。

　　《小王子》撼動每個人的心靈，引起每個人心裡的共鳴，去堅持執著的愛和責任，去追求理想和純真心靈。

　　《小王子》更喚醒世俗社會被蒙蔽、被汙染的心靈，讓猶豫者邁出步子，膽怯者生出勇氣，孤獨者感受溫暖，彷徨者瞥見方向，憂鬱者看到陽光，消沉者重拾信心。可以這樣說，《小王子》所展現的價值，適合於全人類。

　　安東尼‧聖修伯里是戰士，也是英雄，更是人類心靈世界的領航者。

　　讓我們記住這位領航者說過的話：「生命固然是無價的，但我們總要行動，總要有所作為，總要有什麼東西在價值上遠遠超過生命。」

安東尼·聖修伯里 / 小檔案

1900 年　出生於法國里昂天主教沒落的貴族家庭。

1904 年　父親去世。姐弟五人隨母親入住聖莫里斯城堡。

1906 年　開始寫詩。

1909 年　隨家人遷居勒芒市，入教會學校就讀。

1912 年　由飛行員帶領第一次飛上天空。

1914 年　作文〈帽子的故事〉獲全校最優秀作品獎。

1919 年　報考法國海軍官校，未通過。入巴黎美術學院讀建築藝術專業。

1921 年　應徵入伍，編入史特拉斯堡空軍第二飛行大隊，任機械師。業餘進修飛行課程，獲飛機駕駛員合格證書。

1922 年　獲軍事飛行員合格證書。以少尉軍銜編入第三十三飛行大隊殲擊機中隊。

1926 年　取得運輸飛行員執照，進入航空公司，成為郵政飛行員。

1927 年　擔任朱比角中途站站長。創作第一部小說《南

線郵航》。

1928 年	獲海軍航空兵高級飛行員證書。年底《南線郵航》出版。
1930 年	因中途站站長成績突出獲頒法國榮譽團騎士勳章。
1931 年	4 月同康素羅結婚。5 月重返非洲擔任飛行員。12 月《夜航》出版。
1932 年	任拉泰科埃爾航空公司試飛員。
1936 年	開始寫作《要塞》。
1939 年	《風沙星辰》出版。應徵入伍編入空軍第三十三飛行大隊第二中隊，執行空中偵察任務。
1940 年	受空軍嘉獎，獲十字軍勳章。8 月退役。11 月去美國。
1941 年	接受 1939 年度美國全國圖書獎。
1942 年	2 月《空軍飛行員》出版。11 月在紐約發表講話，呼籲法國人民團結戰鬥。
1943 年	2 月《給一個人質的信》出版。4 月《小王子》出版。重新獲准加入空軍第三十三飛行大隊第二中隊執行空中偵察任務。
1944 年	7 月 31 日，上午 8:45 起飛執行任務，飛行途中失蹤。

參 考 資 料

- 《小王子》／Antoine de Saint-Exupéry 著；馬振騁譯
- 《風沙星辰》／Antoine de Saint-Exupéry 著；艾柯譯
- 《小王子寫給媽媽的信》／Antoine de Saint-Exupéry 著；王書芬譯
- 《玫瑰的回憶》／Consuelo de Saint-Exupéry 著；黃荭譯
- 《愛的傳奇：「小王子」和他的玫瑰》／Alain Vircondelet 著；邊靜譯

近代領航人物

生命教育首選讀物

涵成良好品格，激發無限潛力，打造下一個領航人物！

你可以像自由鬥士 曼德拉 一樣找到自己的理想嗎？

你能像世界知名設計師 可可‧香奈兒 一樣隨時發揮創意嗎？

你想成為像搖滾巨星 約翰‧藍儂 一樣的萬人迷嗎？

讀完他們的故事，你也做得到！

◆ 近代人物，引領未來航線

◆ 橫跨領域，視野真正全面

◆ 精采後記，聚焦全書要點

◆ 彩色印刷，吸睛兼顧護眼

全系列共二十冊
陸續出版

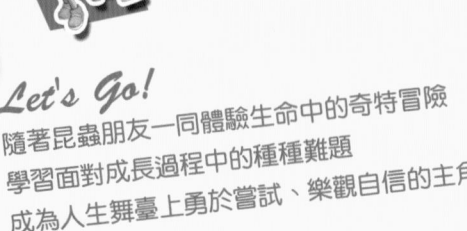

國家圖書館出版品預行編目資料

安東尼‧聖修伯里 / 白丁著;吳楚璿繪.－－初版一刷.
－－臺北市: 三民, 2014
面; 公分.－－(兒童文學叢書/近代領航人物)

ISBN 978-957-14-5873-1　(平裝)

1.聖修伯里(Saint-Exupéry, Antoine de, 1900-1944)
2.傳記 3.通俗作品

781.08　　　　　　　　　　　　　102026007

© 安東尼‧聖修伯里

著 作 人	白　丁
繪　　者	吳楚璿
主　　編	張燕風
企劃編輯	莊婷婷
責任編輯	莊婷婷
美術設計	馮馨尹
發 行 人	劉振強
著作財產權人	三民書局股份有限公司
發 行 所	三民書局股份有限公司
	地址　臺北市復興北路386號
	電話　(02)25006600
	郵撥帳號　0009998-5
門 市 部	(復北店)臺北市復興北路386號
	(重南店)臺北市重慶南路一段61號
出版日期	初版一刷　2014年7月
編　　號	S 782470

行政院新聞局登記證局版臺業字第〇二〇〇號